머리말

우리나라 말(한국어) 어휘의 70% 정도가 한자어로 구성되어 있는 현실에서 한글전용만으로는 상호간의 의사소통이 모호할뿐만 아니라 학생들의 학습능력을 감소시킴으로써 국민의 국어능력을 전면적으로 저하시키는 결과가 과거 30여년간의 한글 전용 교육에서 명백히 드러났슴을 우리는 보아왔습니다.

이는 우리 선조들이 약 2000년전에 중국의 한자와 대륙문화를 받아들이고 중국사람들과 많이 교통하면서 한자로 이루어진 어휘를 많이 빌려쓰게 되었으며 그후 계속해서 오늘날에 이르기까지 계속 한자어를 사용해 오던것을 갑자기 이런 큰 틀을 뒤엎고 한글전용만을 주장한다면 우리말을 이해하고 표현하는데 큰 어려움이 따르기 때문입니다.

우리는 이제 한글과 한자를 혼용함으로써 우리말 어휘력 향상에 공헌하고 한국어를 제대로 이해해야 할것입니다.

다행히도 1990년대에 들어서 한국어문회 산하인 한국한자능력검정회에서 각 급수별 자격시험을 실시하여 수험생들에게 국어의 이해력과 어휘력 향상을 크게 높여 오고 있는것은 매우 고무적이고 다행스런 일이라 하겠습니다.

때에 맞춰 한자학습에 대한 이런 관심이 사회 각계에서 반영되고 있는데 한자능력에 따라 인사, 승진 등 인사고과의 혜택과 대학 수시모집 및 특기자 전형에서 그 실례를 찾을수 있습니다.

이에 따라 본 학습서가 전국한자능력시험을 준비하는 학생들에게 훌륭한 길잡이가 되어 최선의 학습방법으로 합격의 기쁨을 누리기 바랍니다.

편저자 씀

차 례

머리말 ··· 1

차 례 ··· 2

어문회 급수시험 출제기준 ·· 3

漢字능력 검정시험 안내 ·· 4

漢字의 획수와 필순 ··· 5

부수 총정리 ··· 6

배정漢字 ·· 12

'섞음한자' 사용법 ·· 18

'섞음한자' 훈음표 ·· 19

'섞음한자' 가형 ·· 21

訓·音(훈·음) 쓰기 ·· 25

'섞음한자' 나형 ·· 27

예상문제 ·· 33

기출·예상문제 ·· 53

예상문제 정답 ·· 69

기출·예상문제 정답 ·· 71

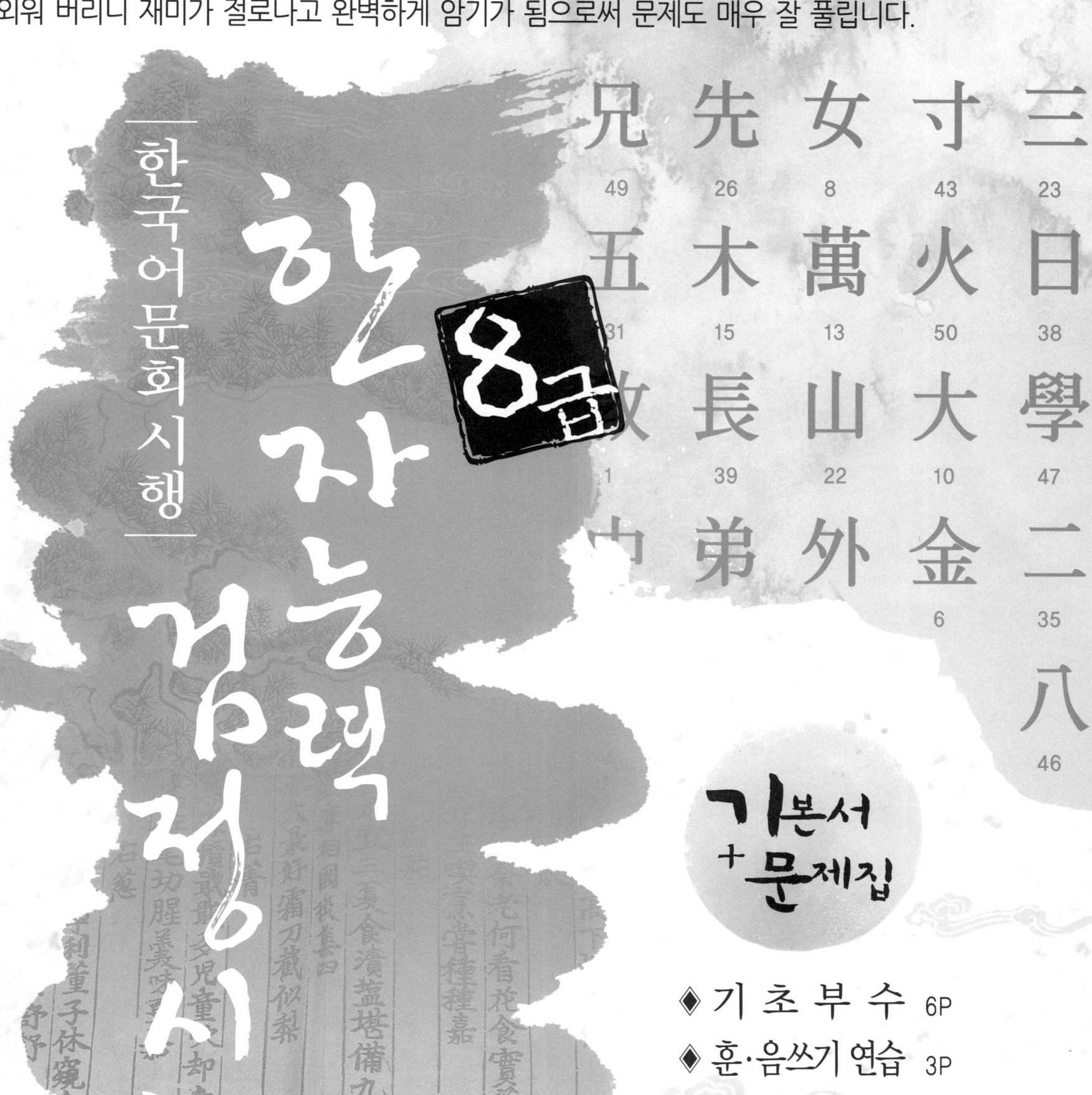

◉ 급수별 합격기준

구 분	특급	특급II	1급	2급	3급	3급II	4급	4급II	5급	6급	6급II	7급	8급
출제문항수	200	200	200	150	150	150	100	100	100	90	80	70	50
합격문항수	160	160	160	105	105	105	70	70	70	63	56	49	35
시험시간	100	90	90	60	60	60	50	50	50	50	50	50	50

◉ 급수별 출제유형

문제유형	특급	특급II	1급	2급	3급	3급II	4급	4급II	5급	6급	6급II	7급	8급
읽기배정한자	5,978	4,918	3,500	2,350	1,817	1,500	1,000	750	500	300	300	150	50
쓰기배정한자	3,500	2,355	2,005	1,817	1,000	750	500	400	300	150	50	0	0
독 음	50	50	50	45	45	45	30	35	35	33	32	32	25
훈 음	32	32	32	27	27	27	22	22	24	23	30	30	25
장 단 음	10	10	10	5	5	5	5	0	0	0	0	0	0
반 의 어	10	10	10	10	10	10	3	3	4	4	3	3	0
완 성 형	15	15	15	10	10	10	5	5	5	4	3	3	0
부 수	10	10	10	5	5	5	3	3	0	0	0	0	0
동 의 어	10	10	10	5	5	5	3	3	3	2	0	0	0
동음이의어	10	10	10	5	5	5	3	3	3	2	0	0	0
뜻 풀 이	10	10	10	5	5	5	3	3	3	2	2	2	0
필 순	0	0	0	0	0	0	0	0	0	3	3	2	2
약 자	3	3	3	3	3	3	3	3	3	0	0	0	0
한자쓰기	40	40	40	30	30	30	20	20	20	20	10	0	0

◉ 대학 수시모집 및 특별전형에 반영

대 학	학 과
경북대학교	특기자특별전형(한자/한문 분야)
경상대학교	특기자특별전형 - 본회 2급 이상
경성대학교	외국어 우수자 선발(한문학과) - 본회 3급 이상
공주대학교	특기자특별전형(한자/한문 분야) - 본회 3급 이상
계명대학교	대학독자적 기준에 의한 특별전형(학교장 또는 교사 추천자) - 한문교육
국민대학교	특기자특별전형(중어중문학과) - 본회 1급 이상
단국대학교	특기자특별전형(한문 분야)
동아대학교	특기자특별전형(국어/한문 분야) - 본회 3급 이상
동의대학교	특기자특별전형(어학 특기자) - 본회 1급 이상
대구대학교	특기자특별전형(한자우수자) - 본회 3급 이상
명지대학교	특기자특별전형(어학분야) - 본회 2급 이상
부산외국어대학교	대학독자적 기준에 의한 특별전형(외국어능력우수자) - 본회 3급 이상
성균관대학교	특기자전형 : 인문과학계열(유학동양학부) - 본회 2급 이상
아주대학교	특기자특별전형(문학 및 한문 분야)
영남대학교	특기자특별전형(어학) - 본회 2급 이상
원광대학교	특기자특별전형(한문 분야)
중앙대학교	특기자특별전형(국제화특기분야) - 본회 2급 이상
충남대학교	특기자특별전형(문학·어학분야) - 본회 3급 이상

◉ 기업체 입사·승진·인사고과 반영

구 분	내 용	비 고
육 군	부사관 5급 이상 / 위관장교 4급 이상 / 영관장교 3급 이상	인사고과
조 선 일 보	기자채용시 3급 이상 우대	입 사
삼성그룹외	중요기업체들 입사시 한문 비중있게 출제 3급 이상 가산점	입 사

한자능력검정 시험안내

⊠ 한자능력시험 (http://www.hanja.re.kr) 〉 기출문제 출력가능
(※ 네이버에 한글로 "한국어문회" 쓰고 클릭)

▶ 주　　관 : (사)한국어문회 (☎ 02-6003-1400), (☎ 1566-1400)

▶ 시험일시 : 연 4회 ┌ 교육급수 : 2, 4, 8, 11월 오전 11시
　　　　　　　　　　└ 공인급수 : 2, 4, 8, 11월 오후　3시

　※ 공인급수, 교육급수 분리시행

　　공인급수는 특급·특급Ⅱ·1급·2급·3급·3급Ⅱ이며, 교육급수는 4급·4급Ⅱ·5급·6급·6급Ⅱ·7급·8급입니다.

▶ 접수방법

　1. 방문접수

　　● 접수급수 : 특급 ~ 8급

　　● 접 수 처 : 각 시·도 지정 접수처　※ (02)6003-1400, 1566-1400, 또는 인터넷(네이버에 "한국어문회" 치고
　　　　　　　　　들어가서 다시 "한자검정" 클릭

　　● 접수방법 : 먼저 스스로에게 맞는 급수를 정한 후, 반명함판사진(3×4cm) 3매, 급수증 수령주조, 주민등록번
　　　　　　　　　호, 한자이름을 메모해서 해당접수처로 가서 급수에 해당하는 응시료를 현금으로 납부한 후 원서
　　　　　　　　　를 작성하여 접수처에 제출하면 됩니다.

　2. 인터넷접수

　　● 접수급수 : 특급 ~ 8급

　　● 접 수 처 : www.hangum.re.kr

　　● 접수방법 : 인터넷 접수처 게시

　3. 우편접수

　　● 접수급수 : 특급, 특급Ⅱ

　　● 접 수 처 : 한국한자능력검정회(서울특별시 서초구 서초1동 1627-1 교대벤처타워 401호)

　　● 접수방법 : 해당 회차 인터넷 또는 청구접수기간내 발송한 우편물에 한하여 접수가능(접수마감일 소인 유효)

▶ 검 정 료

급수/검정료	특 급	특급Ⅱ	1 급	2급~3급Ⅱ	4 급	4급Ⅱ	5 급	6 급	6급Ⅱ~8급
	40,000	40,000	40,000	20,000	15,000				15,000

　※ 인터넷으로 접수하실 경우 위 검정료에 접수수수료가 추가됩니다.

▶ 접수시 준비물

　반명함판사진 3매 / 응시료(현금) / 이름(한글·한자) / 주민등록번호 / 급수증 수령주소

▶ 응시자격 :

　　● 제한없음, 능력에 맞게 급수를 선택하여 응시하면 됩니다.

　　● 1급은 서울, 부산, 대구, 광주, 대전, 전주, 청주, 제주에서만 실시하고, 특급과 특급Ⅱ는 서울에서만 실시합니다.

▶ 합격자발표 : 인터넷접수 사이트(www.hangum.re.kr) 및 ARS(060-800-1100), 1566-1400

漢字의 畫數(획수)와 筆順(필순)

● **畫數(획수)**　글씨를 쓸때 펜을 데었다가 자연스럽게 펜이 떨어질때까지를 일획(一畫)으로 여긴다.

예　　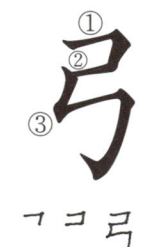　　

● **筆順(필순)**　(1) 대체로 위에서 아래로　(2) 왼쪽에서 오른쪽으로
　　　　　　　　(3) 가로에서 세로로 쓰는 3대 원칙이 기본적으로 적용된다.

(1) 위에서 아래로 씀 : 예 王(一丁干王), 合(丿人合合合合), 元(一二亍元)

(2) 왼쪽에서 오른쪽으로 씀 : 예 川(丿刂川), 林(一十才木机杧材林)

(3) 가로획을 먼저씀 : 예 下(一丁下), 木(一十才木)

(4) 가운데를 먼저씀 : 예 小(亅刂小), 出(丨屮屮出出)

(5) 바깥을 먼저 쓰는 경우 : 예 岡(丨冂冂円円岡岡), 同(丨冂冂冂同同)

(6) 꿰뚫는 획은 나중에 씀 : 예 事(一一一曰曰write write事), 中(丨口口中), 女(乚女女)

(7) 오른쪽위에 있는 점은 나중에 씀 : 예 戈(一弋戈戈), 犬(一ナ大犬)

(8) 받침이 있을 경우 나중에 씀 : 예 道(丷丷首首首write道道), 建(コヨヨ聿聿write建建)

　※ 필순에서 예외인 경우도 있다.

부수(部首) 정리

※ 부수(部首)는 총 214자이지만 8급배정 漢字에 속하는 부수는 40자 정도입니다.
※ 부수(部首)를 써 보고 익힘으로서 漢字를 쓰는데 필순이 정확하고 자신감을 갖게 되며 암기도 잘 됩니다.

획수	부수	훈·음	쓰기 연습
1획	一	한 일	一
	丨	뚫을 곤	丨
	乙	새 을	乙
2획	二	두 이	二
	人 亻	사람 인	人
	儿	어진사람 인	儿

한자	훈음									
八	여덟 팔	ノ 八 八								
匕	비수 비	匕 匕								
十	열 십	一 十 十								
口 (3획)	입구/에울 위	口 口								
土	흙 토	一 十 土 土								
夕	저녁 석	夕 夕								
大	큰 대	一 ナ 大 大								
女	계집 녀	女 女								

子	寸	小	山	千	弓	攵	日
ㄱㄱㄱ子	一十寸	小小小	山山	二千	弓弓弓	攵攵攵攵	日日日
아들 자	마디 촌	작을 소	메 산	일천 천	활 궁	글월문 방	날 일
子	寸	小	山	千	弓	攵	日

月	木	曲	氏	水	火	艹	艹
달 월	나무 목	굽을 곡	성씨 씨	물 수	불 화	초두머리	초두머리
ノ 几 月 月	一 十 才 木	丨 ∏ 曲 曲	厂 氏 氏	刂 ォ 水 水	丷 少 火	丨 ㅗ 艹 艹	艹 艹
月	木	曲	氏	水	火	艹	艹

한자	쓰는 순서	훈·음
父	''ノ父	아비 부
王	一二王王	임금 왕
生 (5획)	''ノﾉ牛生	날 생
白	'ﾉﾉ白白	흰 백
並 (6획)	一干干亚	고를 평
車 (7획)	一ﾆ百亘車	수레 거(차)
金 (8획)	人ﾉ仝仝全金	쇠 금
長	1F匡튽長튽	긴장/어른 장

草	靑	門
풀 초	푸를 청	문 문
一十十十节节草草	一十十丰丰青青青	門門門門門 門
草	靑	門
기족 위		

이상 40자

8급 배정한자

배정한자

教	가르칠 교 등급8급[교육](攵)[攵부/총11획] ×⁴⁵⁶⁷⁸⁸ 孝 孝 教 教	教								
校	학교 교 나무 목 [木부/총10획] 一十才木杧杧校	校								
九	아홉 구 새 을 [乙부/총2획] ノ九	九								
國	나라 국 큰입구몸 [口부/총11획] 口口同国国國國	國								
軍	군사 군 수레 거 [車부/총9획] 一戶戶戶戶宣宣軍	軍								
金	쇠 금/성 김 쇠 금 [金부/총8획] ノ人人合全全金金	金								

南	女	年	大	東	六	萬	母	木
남녘 남	계집 녀	해 년	큰 대	동녘 동	여섯 륙	일만 만	어미 모	나무 목
열 십 [十部/총9획]	계집 녀 [女部/총3획]	방패 간 [干部/총6획]	큰 대 [大部/총3획]	나무 목 [木部/총8획]	여덟 팔 [八部/총4획]	초두머리 [艹(艸)部/총13획]	말 무 [毋部/총5획]	나무 목 [木部/총4획]

門	문 문	문 문 [門부/총8획]	丨冂闩闬門門門
民	백성 민	각시 씨 [氏부/총5획]	一一尸尸民
白	흰 백	흰백 [白부/총5획]	丿丨白白白
父	아비 부	아비 부 [父부/총4획]	丷丷父父
北	북녘 북	비수 비 [匕부/총5획]	丨丬北北
四	넉 사	큰입구몸 [囗부/총5획]	丨冂冂四四
山	메 산	메 산 [山부/총3획]	丨山山
三	석 삼	한 일 [一부/총3획]	一二三
生	날 생	날 생 [生부/총5획]	丿丨生生生

外	王	五	十	室	水	小	先	西
바깥 외	임금 왕	다섯 오	열 십	집 실	물 수	작을 소	먼저 선	서녘 서
ノクタ好外	一二干王	一丁丙五	一十	丶丷宀宀宍安宏宏室	丨才水水	亅小小	ノ广生先先	一丁丙丙西
저녁 석 [夕]부/총5획	구슬 옥 [玉(王)]부/총4획	두 이 [二]부/총4획	열 십 [十]부/총2획	갓머리 [宀]부/총9획	물 수 [水]부/총4획	작을 소 [小]부/총3획	어진사람인발 [儿]부/총6획	덮을 아 [襾]부/총6획
外	王	五	十	室	水	小	先	西

月	달 월	달 월 [月부/총4획]	))刀月月
二	두 이	두 이 [二부/총2획]	二
人	사람 인	사람 인 [人부/총2획]	丿人
一	한 일	한 일 [一부/총1획]	一
日	날 일	날 일 [日부/총4획]	1刀日日
長	긴 장	긴 장 [長부/총8획]	1厂厂厂트트長長
弟	아우 제	아우 제 [弓부/총7획]	丷丷当肖弟弟
中	가운데 중	가운데 중 [丨부/총4획]	丨口口中
靑	푸를 청	푸를 청 [靑부/총8획]	一=丰丰丰靑靑靑

寸	七	土	八	學	韓	兄	火
마디 촌	일곱 칠	흙 토	여덟 팔	배울 학	한국/나라 한	형 형	불 화
一寸	ノ七	一十土	ノ八	´ ´ ´ ´ ´ 炉 脚 與 學 學	゜古卓 朝 朝 韓 韓 韓	ノ口尸兄	、、ノ火
마디 촌 [寸]부/총3획	일곱 칠 [一]부/총2획	흙 토 [土]부/총3획	여덟 팔 [八]부/총2획	아들 자 [子]부/총16획	가죽 위 [韋]부/총17획	어진사람인발 [儿]부/총5획	불 화 [火]부/총4획

섞음 漢字 사용법

1. 뒷면 17쪽부터는 섞음漢字이므로 먼저 이것들을 가로, 세로를 좇아 읽기를 반복하여 전체를 잘읽을줄 알아야 합니다.

2. '섞음漢字'(17쪽)와 '섞음漢字훈음표'(15쪽)는 그 번호가 서로 같습니다. 검사하면서 모르는 漢字는 적당한 양만큼 가려내서 '섞음漢字훈음표'(15쪽)를 보고 확인한 다음 3번씩 써보면서 외우세요.

3. 이런 방법으로 자주 반복해서 하고 결국은 모두 다 알 수 있도록 한다음 연습문제와 예상문제 그리고 기출문제를 풀어가면 됩니다.

※ 섞음漢字 사용은 배정漢字를 제대로 알기 위한 최선의 방법입니다.
   배정漢字 50字(12쪽~) 과정을 끝내고 난 다음에 섞음漢字 과정을 꼭 해야 합니다.

※ 배정漢字의 암기가 잘됐다고 할수 있는 기준은 10쪽부터 있는 가, 나, 다...순의 읽기가 아니고 섞음漢字의 읽기를 기준으로 삼아야 합니다.
   섞음漢字는 필요할때마다 가끔씩 해야합니다.

※ 섞음漢字를 능히 잘 읽을수 있게 되면 이 속에 들어있는 漢字들이 급수시험이나 신문, 기타 다른 책에서 나오더라도 거뜬히 읽을수 있게 될것입니다.

教 가르칠 교 1	東 동녘 동 11	四 넉(넷) 사 21	五 다섯 오 31	中 가운데 중 41
校 학교 교 2	六 여섯 륙 12	山 메 산 22	王 임금 왕 32	靑 푸를 청 42
九 아홉 구 3	萬 일만 만 13	三 석(셋) 삼 23	外 바깥 외 33	寸 마디 촌 43
國 나라 국 4	母 어미 모 14	生 날 생 살 생 24	月 달 월 34	七 일곱 칠 44
軍 군사 군 5	木 나무 목 15	西 서녘 서 25	二 두 이 35	土 흙 토 45
金 쇠 금 성(姓) 김 6	門 문 문 16	先 먼저 선 26	人 사람 인 36	八 여덟 팔 46
南 남녘 남 7	民 백성 민 17	小 작을 소 27	一 한 일 37	學 배울 학 47
女 계집 녀 8	白 흰 백 18	水 물 수 28	日 날 일 38	韓 한국 한 나라 한 48
年 해 년 9	父 아비 부 19	室 집 실 29	長 긴 장 39	兄 형 형 49
大 큰 대 10	北 북녘 북 달아날 배 20	十 열 십 30	弟 아우 제 40	火 불 화 50

◉ 암기 효율을 높이기 위해 배정漢字를 섞어 놓은 것입니다.
◉ 이곳의 번호와 앞쪽 '섞음漢字' 훈음표의 번호가 같습니다. 모르는 글자는 번호를 확인하여 암기합니다.
◉ 암기가 다 되었을 무렵 가위로 잘라서 암기하면 더욱 좋습니다.

兄	先	女	寸	三
49	26	8	43	23
五	木	萬	火	日
31	15	13	50	38
敎	長	山	大	學
1	39	22	10	47
中	弟	外	金	二
41	40	33	6	35
九	東	校	西	八
3	11	2	25	46

三	寸	女	先	兄
23	43	8	26	49
日	火	萬	木	五
38	50	13	15	31
學	大	山	長	敎
47	10	22	39	1
二	金	外	弟	中
35	6	33	40	41
八	西	校	東	九
46	25	2	11	3

◉ 암기 효율을 높이기 위해 배정漢字를 섞어 놓은 것입니다.
◉ 이곳의 번호와 앞쪽 '섞음漢字' 훈음표의 번호가 같습니다. 모르는 글자는 번호를 확인하여 암기합니다.
◉ 암기가 다 되었을 무렵 가위로 잘라서 암기하면 더욱 좋습니다.

北	母	門	七	白
20	14	16	44	18
水	生	軍	月	小
28	24	5	34	27
十	四	一	年	人
30	21	37	9	36
國	靑	韓	土	民
4	42	48	45	17
萬	室	王	南	父
13	29	32	7	19

白	七	門	母	北
18	44	16	14	20
小	月	軍	生	水
27	34	5	24	28
人	年	一	四	十
36	9	37	21	30
民	土	韓	靑	國
17	45	48	42	4
父	南	王	室	萬
19	7	32	29	13

8급 訓·音(훈·음 : 뜻과·소리) 쓰기

정답은 30쪽에 있습니다.

제1회 다음 漢字(한자)의 訓(훈)과 音(음)을 쓰세요.

※ 한 줄을 먼저 써보고 85% 이상 미흡할때는 '섞음漢字'를 다시 복습하고 푸세요.

1. 木 [   ]   18. 女 [   ]   35. 父 [   ]

2. 四 [   ]   19. 萬 [   ]   36. 日 [   ]

3. 弟 [   ]   20. 白 [   ]   37. 金 [   ]

4. 山 [   ]   21. 人 [   ]   38. 民 [   ]

5. 大 [   ]   22. 七 [   ]   39. 國 [   ]

6. 九 [   ]   23. 中 [   ]   40. 生 [   ]

7. 三 [   ]   24. 西 [   ]   41. 十 [   ]

8. 東 [   ]   25. 二 [   ]   42. 寸 [   ]

9. 北 [   ]   26. 六 [   ]   43. 五 [   ]

10. 靑 [   ]   27. 月 [   ]   44. 兄 [   ]

11. 長 [   ]   28. 八 [   ]   45. 外 [   ]

12. 門 [   ]   29. 小 [   ]   46. 敎 [   ]

13. 南 [   ]   30. 一 [   ]   47. 王 [   ]

14. 母 [   ]   31. 學 [   ]   48. 校 [   ]

15. 室 [   ]   32. 韓 [   ]   49. 先 [   ]

16. 水 [   ]   33. 火 [   ]   50. 土 [   ]

17. 年 [   ]   34. 軍 [   ]

정답은 30쪽에 있습니다.

1. 山 [   ]   18. 國 [   ]   35. 日 [   ]

2. 學 [   ]   19. 先 [   ]   36. 小 [   ]

3. 三 [   ]   20. 民 [   ]   37. 長 [   ]

4. 九 [   ]   21. 兄 [   ]   38. 金 [   ]

5. 中 [   ]   22. 北 [   ]   39. 二 [   ]

6. 五 [   ]   23. 四 [   ]   40. 年 [   ]

7. 敎 [   ]   24. 白 [   ]   41. 弟 [   ]

8. 木 [   ]   25. 王 [   ]   42. 火 [   ]

9. 外 [   ]   26. 月 [   ]   43. 八 [   ]

10. 西 [   ]   27. 門 [   ]   44. 母 [   ]

11. 父 [   ]   28. 十 [   ]   45. 南 [   ]

12. 生 [   ]   29. 土 [   ]   46. 女 [   ]

13. 人 [   ]   30. 七 [   ]   47. 韓 [   ]

14. 東 [   ]   31. 室 [   ]   48. 寸 [   ]

15. 校 [   ]   32. 六 [   ]   49. 萬 [   ]

16. 靑 [   ]   33. 一 [   ]   50. 大 [   ]

17. 水 [   ]   34. 軍 [   ]

8級 섞음漢字 50字 ㉯型

◉ 암기 효율을 높이기 위해 배정漢字를 섞어 놓은 것입니다.
◉ 이곳의 번호와 19쪽 '섞음漢字' 훈음표의 번호가 같습니다. 모르는 글자는 번호를 확인하여 암기합니다.
◉ 암기가 다 되었을 무렵 가위로 잘라서 암기하면 더욱 좋습니다.

十	一				
30	37				
靑	兄	國	學	火	弟
42	49	4	47	50	40
軍	寸	七	室	東	生
5	43	44	29	11	24
西	南	年	女	日	門
25	7	9	8	38	16
金	土	萬	先	中	月
6	45	13	26	41	34
校	韓	外	五	小	敎
2	48	33	31	27	1
木	山	母	北	大	白
15	22	14	20	10	18
王	父	二	民	八	六
32	19	35	17	46	12
三	水	長	四	人	九
23	28	39	21	36	3

				一 37	十 30
弟 40	火 50	學 47	國 4	兄 49	靑 42
生 24	東 11	室 29	七 44	寸 43	軍 5
門 16	日 38	女 8	年 9	南 7	西 25
月 34	中 41	先 26	萬 13	土 45	金 6
敎 1	小 27	五 31	外 33	韓 48	校 2
白 18	大 10	北 20	母 14	山 22	木 15
六 12	八 46	民 17	二 35	父 19	王 32
九 3	人 36	四 21	長 39	水 28	三 23

다음 漢字(한자)의 訓(훈)과 音(음)을 쓰세요.

정답은 30쪽에 있습니다.

1. 王 [   ]   18. 五 [   ]   35. 四 [   ]

2. 敎 [   ]   19. 十 [   ]   36. 土 [   ]

3. 寸 [   ]   20. 弟 [   ]   37. 二 [   ]

4. 國 [   ]   21. 母 [   ]   38. 白 [   ]

5. 火 [   ]   22. 父 [   ]   39. 靑 [   ]

6. 年 [   ]   23. 軍 [   ]   40. 門 [   ]

7. 外 [   ]   24. 六 [   ]   41. 西 [   ]

8. 室 [   ]   25. 民 [   ]   42. 北 [   ]

9. 校 [   ]   26. 中 [   ]   43. 七 [   ]

10. 水 [   ]   27. 大 [   ]   44. 萬 [   ]

11. 兄 [   ]   28. 南 [   ]   45. 先 [   ]

12. 女 [   ]   29. 韓 [   ]   46. 日 [   ]

13. 山 [   ]   30. 生 [   ]   47. 東 [   ]

14. 木 [   ]   31. 月 [   ]   48. 小 [   ]

15. 九 [   ]   32. 三 [   ]   49. 八 [   ]

16. 大 [   ]   33. 長 [   ]   50. 一 [   ]

17. 金 [   ]   34. 學 [   ]

8급 훈·음쓰기 정답

제1회 훈·음쓰기

1. 나무목 2. 넉(넷)사 3. 아우제 4. 메산 5. 큰대 6. 아홉구 7. 석(셋)삼 8. 동녘동 9. 북녘북, 달아날배 10. 푸를청 11. 긴장 12. 문문 13. 남녘남 14. 어미모 15. 집실 16. 물수 17. 해년 18. 계집녀 19. 일만만 20. 흰백 21. 사람인 22. 일곱칠 23. 가운데중 24. 서녘서 25. 두이 26. 여섯륙 27. 달월 28. 여덟팔 29. 작을소 30. 한일 31. 배울학 32. 한국한,나라한 33. 불화 34. 군사군 35. 아비부 36. 날일 37. 쇠금, 성김 38. 백성민 39. 나라국 40. 날생, 살생 41. 열십 42. 마디촌 43. 다섯오 44. 형형 45. 바깥외 46. 가르칠교 47. 임금왕 48. 학교교 49. 먼저선 50. 흙토

제2회 훈·음쓰기

1. 메산 2. 배울학 3. 석(셋)삼 4. 아홉구 5. 가운데중 6. 다섯오 7. 가르칠교 8. 나무목 9. 바깥외 10. 서녘서 11. 아비부 12. 날생, 살생 13. 사람인 14. 동녘동 15. 학교교 16. 푸를청 17. 물수 18. 나라국 19. 먼저선 20. 백성민 21. 형형 22. 북녘북, 달아날배 23. 서녘서 24. 흰백 25. 임금왕 26. 달월 27. 문문 28. 열십 29. 흙토 30. 일곱칠 31. 집실 32. 여섯륙 33. 한일 34. 군사군 35. 날일 36. 작을소 37. 긴장 38. 쇠금, 성김 39. 두이 40. 해년 41. 아우제 42. 불화 43. 여덟팔 44. 어미모 45. 남녘남 46. 계집녀 47. 한국한, 나라한 48. 마디촌 49. 일만만 50. 큰대

제3회 훈·음쓰기

1. 임금왕 2. 가르칠교 3. 마디촌 4. 나라국 5. 불화 6. 해년 7. 바깥외 8. 집실 9. 학교교 10. 물수 11. 형형 12. 계집녀 13. 메산 14. 나무목 15. 아홉구 16. 큰대 17. 쇠금, 성김 18. 다섯오 19. 열십 20. 아우제 21. 어미모 22. 아비부 23. 군사군 24. 여섯륙 25. 백성민 26. 가운데중 27. 큰대 28. 남녘남 29. 한국한, 나라한 30. 날생, 살생 31. 달월 32. 석(셋)삼 33. 긴장 34. 배울학 35. 넉(넷)사 36. 흙토 37. 두이 38. 흰백 39. 푸를청 40. 문문 41. 서녘서 42. 북녘북, 달아날배 43. 일곱칠 44. 일만만 45. 먼저선 46. 날일 47. 동녘동 48. 작을소 49. 여덟팔 50. 한일

한자능력 검정시험
8급 예상문제(1~9회)

지금까지 여러분은
기초부수와 배정漢字, 섞음漢字
그리고 훈·음쓰기로 열심히
공부해왔습니다.
참 잘 하셨습니다.
이제는 예상문제를 풀 차례입니다.
시험에서 틀리는 문제는
3회이상 써보고 암기한후에
다음회를 풀기 바랍니다.
정답은 69쪽에 있음.

1. [문제1~10] 다음 글을 읽고 ( )안의 漢字(한자)의 讀音(독음:읽는소리)을 쓰세요.

```
< 보 기 >
（先） → 선
```

1. 나는 （一）   [   ]
2. （學）   [   ]
3. （年)에 입학하여 처음으로   [   ]
4. 학（校) 운동장에 모였습니다.   [   ]
5. （教）   [   ]
6. （室)에는 책상과 의자가 있고   [   ]
7. 예쁜（女）   [   ]
8. （先）   [   ]
9. （生)님과 반친구들이 모였습니다.
                                    [   ]
10. 창（門) 사이로 햇볕이 따스하게
    비추었습니다.   [   ]

2. [문제11~20] 다음 밑줄친 말에 해당하는 漢字(한자)를 〈보기〉에서 찾아 그 번호를 쓰세요.

```
< 보 기 >
① 八    ② 室    ③ 九    ④ 火
⑤ 長    ⑥ 女    ⑦ 外    ⑧ 南
⑨ 青    ⑩ 母
```

11. 나의 동생은 여자 아이입니다. [   ]
12. 남쪽 먼나라에서 왔습니다.   [   ]

13. 어머니는 부엌에서 요리를 합니다. [   ]
14. 푸른 소나무가 산에 가득하였습니다.
                                    [   ]
15. 친구와 긴 막대기로 말타기를 하였습
    니다.   [   ]
16. 집 안에 향기가 가득하였습니다.[   ]
17. 아홉 달 후에 외국으로 갑니다. [   ]
18. 언제나 불 조심해야 합니다.   [   ]
19. 밖에서 공놀이를 하였습니다.   [   ]
20. 여덟 마리의 새가 나무에 앉았습니다.
                                    [   ]

3. [문제21~30] 다음 말에 알맞은 漢字(한자)를 〈보기〉에서 찾아 그 번호를 쓰세요.

```
< 보 기 >
① 七    ② 小    ③ 王    ④ 西
⑤ 金    ⑥ 萬    ⑦ 木    ⑧ 學
⑨ 兄    ⑩ 弟
```

21. 아우   [   ]
22. 쇠   [   ]
23. 서녘   [   ]
24. 형   [   ]
25. 임금   [   ]
26. 배우다   [   ]
27. 작다   [   ]
28. 나무   [   ]
29. 일곱   [   ]
30. 일만   [   ]

4. [문제31~40] 다음 漢字(한자)의 훈 (訓:뜻)과 음(音:소리)을 쓰세요.

< 보 기 >
天 → 하늘천

31. 父 [   ]   32. 學 [   ]

33. 大 [   ]   34. 十 [   ]

35. 敎 [   ]   36. 北 [   ]

37. 室 [   ]   38. 東 [   ]

39. 日 [   ]   40. 校 [   ]

5. [문제41~44] 다음 漢字(한자)의 훈 (訓:뜻)을 〈보기〉에서 찾아 그 번호를 쓰세요.

< 보 기 >
① 북녘   ② 가운데
③ 먼저   ④ 다섯

41. 中 [   ]   42. 先 [   ]

43. 北 [   ]   44. 五 [   ]

6. [문제45~48] 다음 漢字(한자)의 음 (音:소리)을 〈보기〉에서 찾아 그 번호를 쓰세요.

< 보 기 >
① 년   ② 민   ③ 선   ④ 륙

45. 六 [   ]   46. 先 [   ]

47. 年 [   ]   48. 民 [   ]

7. [문제49~50] 다음 漢字(한자)의 진 하게 표시한 획은 몇 번째 쓰는지 〈보기〉에서 찾아 그 번호를 쓰세요.

< 보 기 >
① 첫 번째   ② 두 번째
③ 세 번째   ④ 네 번째
⑤ 다섯 번째   ⑥ 여섯 번째
⑦ 일곱 번째

49. 九   [   ]

50. 西   [   ]

1. [문제1~10] 다음 글을 읽고 ( )안의 漢字(한자)의 讀音(독음:읽는소리)을 쓰세요.

< 보 기 >
(先) → 선

1. 해는 아침에 (東)쪽에서 뜨고 [   ]
2. 달은 저녁에 (西)쪽에서 뜹니다.[   ]
3. 우리(兄)   [   ]
4. (弟)는   [   ]
5. (父)   [   ]
6. (母)님을 따라서   [   ]
7. (山)소에 가서 성묘를 하였습니다.
8. (白)설이 하얗게 내리어   [   ]
9. 東, 西, (南)   [   ]
10. (北) 하얀 속에서 소나무가 푸르렀
    습니다.   [   ]

2. [문제11~20] 다음 밑줄친 말에 해당하는 漢字(한자)를 <보기>에서 찾아 그 번호를 쓰세요.

< 보 기 >
① 王   ② 東   ③ 父   ④ 五
⑤ 萬   ⑥ 教   ⑦ 日   ⑧ 國
⑨ 中   ⑩ 軍

11. 동녘 하늘에서 별들이 반짝 거렸습니다.
                      [   ]

12. 오늘은 선생님께서 피아노를 가르쳤
    습니다.   [   ]

13. 어린이는 자라서 나라의 기둥이 됩니다.
                      [   ]

14. 축구경기장에 만 명이 넘게 모였습니다.
                      [   ]

15. 해가 동쪽 하늘에 떠 오릅니다. [   ]

16. 공원 한가운데에 비둘기가 모였습니다.
                      [   ]

17. 임금은 신하에게 명령하였습니다. [   ]

18. 말을 탄 군사들이 지나갔습니다.[   ]

19. 아버지를 따라 전철을 탔습니다.[   ]

20. 토끼 다섯 마리가 뛰어 다녔습니다.
                      [   ]

3. [문제21~30] 다음 말에 알맞은 漢字(한자)를 <보기>에서 찾아 그 번호를 쓰세요.

< 보 기 >
① 母   ② 月   ③ 長   ④ 生
⑤ 青   ⑥ 校   ⑦ 人   ⑧ 四
⑨ 北   ⑩ 女

21. 계집   [   ]
22. 푸른   [   ]
23. 낳다   [   ]
24. 북녘   [   ]
25. 길다   [   ]
26. 넉(넷)   [   ]
27. 달   [   ]
28. 어미   [   ]
29. 학교   [   ]
30. 사람   [   ]

4. [문제31~40] 다음 漢字(한자)의 훈 (訓:뜻)과 음(音:소리)을 쓰세요.

< 보 기 >
天 → 하늘천

31. 長 [   ]   32. 韓 [   ]

33. 年 [   ]   34. 白 [   ]

35. 小 [   ]   36. 一 [   ]

37. 八 [   ]   38. 九 [   ]

39. 六 [   ]   40. 四 [   ]

5. [문제41~48] 다음 漢字(한자)의 訓(훈: 뜻)이나 음(音:소리)을 <보기>에서 찾아 그 번호를 쓰세요.

< 보 기 >
① 형   ② 크다
③ 나무   ④ 일곱
⑤ 푸르다   ⑥ 백성
⑦ 제   ⑧ 문

41. 木 [   ]   42. 門 [   ]

43. 大 [   ]   44. 兄 [   ]

45. 弟 [   ]   46. 七 [   ]

47. 民 [   ]   48. 靑 [   ]

6. [문제49~50] 다음 漢字(한자)의 진 하게 표시한 획은 몇 번째 쓰는지 <보기>에서 찾아 그 번호를 쓰세요.

< 보 기 >
① 첫 번째   ② 두 번째
③ 세 번째   ④ 네 번째
⑤ 다섯 번째   ⑥ 여섯 번째
⑦ 일곱 번째   ⑧ 여덟 번째
⑨ 아홉 번째   ⑩ 열 번째
⑪ 열한 번째   ⑫ 열두 번째

49. 東   [   ]

50. 學   [   ]

제3회 한자능력검정시험 8급 예상문제

(社) 한국어문회주관

문 항 수 : 50문항
합격점수 : 35점
제한시간 : 50분

1. [문제1~10] 다음 글을 읽고 ( )안의 漢字(한자)의 讀音(독음·읽는소리)을 쓰세요.

```
< 보 기 >
(先) → 선
```

1. 한주일은 (月)   [   ]
2. (火)   [   ]
3. (水)   [   ]
4. (木)   [   ]
5. (金)   [   ]
6. (土)   [   ]
7. (日)요일 모두   [   ]
8. (七)일 입니다.   [   ]
9. 이중 金요일까지 (五)일 동안만
                           [   ]
10. 하루에 (四)시간씩 공부합니다.
                           [   ]

2. [문제11~20] 다음 밑줄친 말에 해당하는 漢字(한자)를 <보기>에서 찾아 그 번호를 쓰세요.

```
< 보 기 >
① 校   ② 西   ③ 生   ④ 兄
⑤ 北   ⑥ 水   ⑦ 金   ⑧ 四
⑨ 土   ⑩ 九
```

11. 학교 정원에 많은 꽃이 피었습니다.
                           [   ]
12. 나는 작은 도시에서 살고 있습니다. [   ]

13. 칼은 쇠로 만들어집니다.   [   ]
14. 달리기에서 네명이 상을 탔습니다. [   ]
15. 강 물이 얼었습니다.   [   ]
16. 아저씨가 황토 흙을 벽에 붙였습니다.
                                    [   ]
17. 찬바람이 북녘에서 불어왔습니다.
                                    [   ]
18. 나는 저녁 아홉시에 잡니다.   [   ]
19. 해가 서쪽으로 지고 있었습니다. [   ]
20. 나는 형보다 먼저 집에 돌아옵니다.
                                    [   ]

3. [문제21~30] 다음 말에 알맞은 漢字(한자)를 <보기>에서 찾아 그 번호를 쓰세요.

```
< 보 기 >
① 南   ② 父   ③ 中   ④ 外
⑤ 三   ⑥ 十   ⑦ 五   ⑧ 火
⑨ 日   ⑩ 山
```

21. 아버지   [   ]
22. 가운데   [   ]
23. 메   [   ]
24. 석(셋)   [   ]
25. 밖   [   ]
26. 다섯   [   ]
27. 열   [   ]
28. 남녘   [   ]
29. 날   [   ]
30. 불   [   ]

4. [문제31~40] 다음 漢字(한자)의 훈(訓:뜻)과 음(音:소리)을 쓰세요.

<보 기>
天 → 하늘천

31. 五 [   ]   32. 弟 [   ]

33. 兄 [   ]   34. 國 [   ]

35. 萬 [   ]   36. 山 [   ]

37. 王 [   ]   38. 中 [   ]

39. 火 [   ]   40. 軍 [   ]

5. [문제41~44] 다음 漢字(한자)의 훈(訓:뜻)을 <보기>에서 찾아 그 번호를 쓰세요.

<보 기>
① 가르치다   ② 동녘
③ 해   ④ 푸르다

41. 年 [   ]   42. 東 [   ]

43. 靑 [   ]   44. 敎 [   ]

6. [문제45~48] 다음 漢字(한자)의 음(音:소리)을 <보기>에서 찾아 그 번호를 쓰세요.

<보 기>
① 학   ② 모   ③ 한   ④ 남

45. 韓 [   ]   46. 南 [   ]

47. 學 [   ]   48. 母 [   ]

7. [문제49~50] 다음 漢字(한자)의 진하게 표시한 획은 몇 번째 쓰는지 <보기>에서 찾아 그 번호를 쓰세요.

<보 기>
① 첫 번째   ② 두 번째
③ 세 번째   ④ 네 번째
⑤ 다섯 번째   ⑥ 여섯 번째
⑦ 일곱 번째   ⑧ 여덟 번째
⑨ 아홉 번째   ⑩ 열 번째
⑪ 열한 번째   ⑫ 열두 번째

49. 萬   [   ]

50. 國   [   ]

1. [문제1~10] 다음 글을 읽고 ( )안의 漢字(한자)의 讀音(독음:읽는소리)을 쓰세요.

< 보 기 >
(一) → 일
---

1. 거리에는 수(萬)대의 차들이 지나갑니다. [　　]
2. 그(中)에는 소방차도 있습니다. [　　]
3. (校) [　　]
4. (長) 선생님께서 [　　]
5. 교(門)에서 우리를 반겨주셨습니다. [　　]
6. (教) [　　]
7. (室)에 들어오면 [　　]
8. (先) [　　]
9. (生)님께 [　　]
10. (人)사 하고 친구들과 함께 공부합니다. [　　]

2. [문제11~20] 다음 밑줄친 말에 해당하는 漢字(한자)를 <보기>에서 찾아 그 번호를 쓰세요.

< 보 기 >
① 學　② 弟　③ 山　④ 兄
⑤ 小　⑥ 年　⑦ 六　⑧ 月
⑨ 門　⑩ 寸
---

11. 동생은 잘 웃고 귀엽습니다. [　　]
12. 달이 하늘 가운데 둥글게 떴습니다. [　　]
13. 나는 형과 함께 공놀이를 하였습니다. [　　]
14. 산에 가면 시원합니다. [　　]
15. 할아버지께서 나이가 많으십니다. [　　]
16. 유치원에서 漢字(한자)도 배웁니다. [　　]
17. 책상위에 작은 인형이 있었습니다. [　　]
18. 여섯 아이들이 놀이터에서 놀았습니다. [　　]
19. 문 앞에 자전거가 있었습니다. [　　]
20. 지우개가 손가락 두 마디 만큼 길었습니다. [　　]

3. [문제21~30] 다음 말에 알맞은 漢字(한자)를 <보기>에서 찾아 그 번호를 쓰세요.

< 보 기 >
① 先　② 民　③ 韓　④ 大
⑤ 教　⑥ 六　⑦ 白　⑧ 九
⑨ 二　⑩ 國
---

21. 한국 [　　]
22. 크다 [　　]
23. 둘 [　　]
24. 나라 [　　]
25. 가르치다 [　　]
26. 백성 [　　]
27. 먼저 [　　]
28. 여섯 [　　]
29. 희다 [　　]
30. 아홉 [　　]

4. [문제31~40] 다음 漢字(한자)의 훈(訓:뜻)과 음(音:소리)을 쓰세요.

```
< 보 기 >
天 → 하늘천
```

31. 母 [   ]   32. 三 [   ]

33. 外 [   ]   34. 靑 [   ]

35. 水 [   ]   36. 金 [   ]

37. 木 [   ]   38. 生 [   ]

39. 月 [   ]   40. 寸 [   ]

5. [문제41~48] 다음 漢字(한자)의 訓(훈:뜻)이나 음(音:소리)을 <보기>에서 찾아 그 번호를 쓰세요.

```
< 보 기 >
① 화          ② 학교
③ 넉(넷)      ④ 실
⑤ 군사        ⑥ 일만
⑦ 산          ⑧ 배우다
```

41. 萬 [   ]   42. 四 [   ]

43. 校 [   ]   44. 軍 [   ]

45. 山 [   ]   46. 火 [   ]

47. 室 [   ]   48. 學 [   ]

6. [문제49~50] 다음 漢字(한자)의 진하게 표시한 획은 몇 번째 쓰는지 <보기>에서 찾아 그 번호를 쓰세요.

```
< 보 기 >
① 첫 번째        ② 두 번째
③ 세 번째        ④ 네 번째
⑤ 다섯 번째      ⑥ 여섯 번째
⑦ 일곱 번째      ⑧ 여덟 번째
⑨ 아홉 번째
```

49.  母   [   ]

50. 女   [   ]

문항수 : 50문항
합격점수 : 35점
제한시간 : 50분

1. [문제1~10] 다음 글을 읽고 ( )안의 漢字(한자)의 讀音(독음:읽는소리)을 쓰세요.

< 보 기 >
（先） → 선

1. 조선시대 임금님이신 세종(大) [   ]
2. (王)께서 우리의 글을 만드셨습니다.
   [   ]
3. 어린이는 자라서 (靑) [   ]
4. (年)이 되어 좋은 일을 많이 하고
   [   ]
5. (軍) [   ]
6. (人)이 되어 나라를 지키고 [   ]
7. (國) [   ]
8. (民)을 편안하게 해드립니다. [   ]
9. 우리는 (學) [   ]
10. (校)에서 열심히 공부합니다. [   ]

2. [문제11~20] 다음 밑줄친 말에 해당하는 漢字(한자)를 <보기>에서 찾아 그 번호를 쓰세요.

< 보 기 >
① 弟   ② 大   ③ 韓   ④ 白
⑤ 學   ⑥ 人   ⑦ 月   ⑧ 木
⑨ 靑   ⑩ 敎

11. 하얀 종이 위에 파란 글씨가 가득
    하였습니다. [   ]
12. 책상은 나무로 만들어졌습니다. [   ]
13. 한국 사람들은 참 착합니다. [   ]

14. 바람에 큰 나뭇가지가 꺾였습니다. [   ]
15. 아우는 형만큼 크지 않습니다. [   ]
16. 피아노를 배우려고 학원에 갔습니다.
    [   ]
17. 푸른 가로수가 쭉 뻗어 있습니다. [   ]
18. 건강한 사람, 착한 사람 [   ]
19. 달은 밤에 뜨고 해는 낮에 뜹니다.
    [   ]
20. 선생님이 학생을 가르칩니다. [   ]

3. [문제21~30] 다음 말에 알맞은 漢字(한자)를 <보기>에서 찾아 그 번호를 쓰세요.

< 보 기 >
① 寸   ② 室   ③ 軍   ④ 土
⑤ 一   ⑥ 八   ⑦ 東   ⑧ 年
⑨ 水   ⑩ 門

21. 군사 [   ]
22. 동녘 [   ]
23. 하나 [   ]
24. 문 [   ]
25. 마디 [   ]
26. 해 [   ]
27. 물 [   ]
28. 흙 [   ]
29. 집 [   ]
30. 여덟 [   ]

4. [문제31~40] 다음 漢字(한자)의 훈
(訓:뜻)과 음(音:소리)을 쓰세요.

```
< 보 기 >
天  →  하늘천
```

31. 南 [   ]   32. 門 [   ]

33. 西 [   ]   34. 二 [   ]

35. 七 [   ]   36. 女 [   ]

37. 民 [   ]   38. 先 [   ]

39. 人 [   ]   40. 土 [   ]

5. [문제41~44] 다음 漢字(한자)의 훈
(訓:뜻)을 <보기>에서 찾아 그 번호를
쓰세요.

```
< 보 기 >
① 낳다        ② 나라
③ 길다        ④ 아버지
```

41. 長 [   ]   42. 生 [   ]

43. 父 [   ]   44. 國 [   ]

6. [문제45~48] 다음 漢字(한자)의 음
(音:소리)을 <보기>에서 찾아 그 번호를
쓰세요.

```
< 보 기 >
① 제    ② 만    ③ 북    ④ 교
```

45. 北 [   ]   46. 校 [   ]

47. 弟 [   ]   48. 萬 [   ]

7. [문제49~50] 다음 漢字(한자)의 진
하게 표시한 획은 몇 번째 쓰는지
<보기>에서 찾아 그 번호를 쓰세요.

```
< 보 기 >
① 첫 번째        ② 두 번째
③ 세 번째        ④ 네 번째
⑤ 다섯 번째      ⑥ 여섯 번째
⑦ 일곱 번째      ⑧ 여덟 번째
⑨ 아홉 번째
```

49. 中   [   ]

50. 小   [   ]

1. [문제1~10] 다음 글을 읽고 ( )안의 漢字 (한자)의 讀音(독음:읽는소리)을 쓰세요.

< 보 기 >
(先) → 선

1. 야구는 시합할 때 한쪽팀에 (九)명
[   ]

2. 축구는 (十) [   ]

3. (一)명 [   ]

4. 농구는 (五)명 [   ]

5. 배구는 (六)명의 선수가 뜁니다.[   ]

6. 올림픽에서 코리아, (韓) [   ]

7. (國)의 태극기가 많이 올라 갑니다.

8. 우리나라 (先)수들은 [   ]

9. (中)국 북경올림픽 야구 종목에서도
[   ]

10. (金) 메달을 땄습니다. [   ]

2. [문제11~20] 다음 밑줄친 말에 해당하는 漢字(한자)를 <보기>에서 찾아 그 번호를 쓰세요.

< 보 기 >
①門 ②七 ③人 ④韓
⑤國 ⑥二 ⑦校 ⑧軍
⑨水 ⑩白

11. 어린이는 나라의 희망입니다. [   ]

12. 일곱 밤만 자면 설날입니다. [   ]

13. 쌍둥이는 두 사람이 똑같이 생겼습니다.
[   ]

14. 삼촌은 이제 군인이 되었습니다.
[   ]

15. 문을 여니 찬바람이 들어 왔습니다.
[   ]

16. 한국은 대한민국과 같은 말입니다.[   ]

17. 좋은 사람은 마음씨가 곱습니다.[   ]

18. 학교에 가면 많은 친구들을 만납니다.
[   ]

19. 맑은 물을 마시면 건강합니다. [   ]

20. 흰 눈이 밤새 내렸습니다. [   ]

3. [문제21~30] 다음 말에 알맞은 漢字(한자)를 <보기>에서 찾아 그 번호를 쓰세요.

< 보 기 >
①室 ②弟 ③六 ④大
⑤學 ⑥三 ⑦女 ⑧母
⑨韓 ⑩木

21. 크다 [   ]

22. 배우다 [   ]

23. 한국 [   ]

24. 집 [   ]

25. 나무 [   ]

26. 아우 [   ]

27. 계집 [   ]

28. 엄마 [   ]

29. 여섯 [   ]

30. 석(셋) [   ]

4. [문제31~40] 다음 漢字(한자)의 훈(訓:뜻)과 음(音:소리)을 쓰세요.

< 보 기 >
天 → 하늘천

31. 外 [   ]   32. 北 [   ]

33. 金 [   ]   34. 南 [   ]

35. 東 [   ]   36. 敎 [   ]

37. 王 [   ]   38. 萬 [   ]

39. 長 [   ]   40. 室 [   ]

5. [문제41~48] 다음 漢字(한자)의 訓(훈:뜻)이나 음(音:소리)을 <보기>에서 찾아 그 번호를 쓰세요.

< 보 기 >
① 마디   ② 수
③ 먼저   ④ 아홉
⑤ 백성   ⑥ 교
⑦ 형   ⑧ 다섯

41. 民 [   ]   42. 九 [   ]

43. 水 [   ]   44. 寸 [   ]

45. 先 [   ]   46. 五 [   ]

47. 兄 [   ]   48. 校 [   ]

6. [문제49~50] 다음 漢字(한자)의 진하게 표시한 획은 몇 번째 쓰는지 <보기>에서 찾아 그 번호를 쓰세요.

< 보 기 >
① 첫 번째   ② 두 번째
③ 세 번째   ④ 네 번째
⑤ 다섯 번째   ⑥ 여섯 번째
⑦ 일곱 번째   ⑧ 여덟 번째
⑨ 아홉 번째

49. 民 [   ]

50. 北 [   ]

1. [문제1~10] 다음 글을 읽고 ( )안의 漢字(한자)의 讀音(독음:읽는소리)을 쓰세요.

```
< 보 기 >
(先) → 선
```

1. (土)요일 나는 [   ]
2. (兄)과 함께 [   ]
3. (父) [   ]
4. (母)님을 따라 [   ]
5. (三) [   ]
6. (寸)이 사는 [   ]
7. (山)촌 마을에 갔습니다. [   ]
8. (外)할아버지께서 [   ]
9. (年)세가 많아서 머리가 [   ]
10. (白)발이 되셨습니다. [   ]

2. [문제11~20] 다음 밑줄친 말에 해당하는 漢字(한자)를 <보기>에서 찾아 그 번호를 쓰세요.

```
< 보 기 >
① 南    ② 外    ③ 東    ④ 父
⑤ 王    ⑥ 母    ⑦ 女    ⑧ 四
⑨ 室    ⑩ 十
```

11. 남쪽은 따스한 곳입니다. [   ]
12. 아버지는 회사에 다닙니다. [   ]
13. 택시에 네 사람이 탔습니다. [   ]
14. 동녘에서 바람이 불면서 비가 왔습니다.
[   ]
15. 우리 반은 여자가 남자보다 많습니다.
[   ]
16. 아침에는 어머니께서 깨워주십니다.
[   ]
17. 임금님은 두 왕자를 낳으셨습니다.
[   ]
18. 눈이 내린 후 밖에서 눈사람을 만들었습니다. [   ]
19. 열 명이 짝을 지어 청소를 하였습니다.
[   ]
20. 비가 와서 집 안에서 놀았습니다. [   ]

3. [문제21~30] 다음 말에 알맞은 漢字(한자)를 <보기>에서 찾아 그 번호를 쓰세요.

```
< 보 기 >
① 年    ② 北    ③ 月    ④ 軍
⑤ 萬    ⑥ 南    ⑦ 長    ⑧ 兄
⑨ 金    ⑩ 九
```

21. 쇠 [   ]
22. 일만 [   ]
23. 군사 [   ]
24. 북녘 [   ]
25. 해 [   ]
26. 달 [   ]
27. 길다 [   ]
28. 남녘 [   ]
29. 형 [   ]
30. 아홉 [   ]

4. [문제31~40] 다음 漢字(한자)의 훈(訓:뜻)과 음(音:소리)을 쓰세요.

```
< 보 기 >
天 → 하늘천
```

31. 母 [   ]   32. 校 [   ]

33. 學 [   ]   34. 軍 [   ]

35. 國 [   ]   36. 火 [   ]

37. 韓 [   ]   38. 中 [   ]

39. 兄 [   ]   40. 靑 [   ]

5. [문제41~44] 다음 漢字(한자)의 훈(訓:뜻)을 <보기>에서 찾아 그 번호를 쓰세요.

```
< 보 기 >
① 희다      ② 쇠
③ 마디      ④ 임금
```

41. 王 [   ]   42. 寸 [   ]

43. 白 [   ]   44. 金 [   ]

6. [문제45~48] 다음 漢字(한자)의 음(音:소리)을 <보기>에서 찾아 그 번호를 쓰세요.

```
< 보 기 >
① 오   ② 장   ③ 실   ④ 교
```

45. 室 [   ]   46. 敎 [   ]

47. 長 [   ]   48. 五 [   ]

7. [문제49~50] 다음 漢字(한자)의 진하게 표시한 획은 몇 번째 쓰는지 <보기>에서 찾아 그 번호를 쓰세요.

```
< 보 기 >
① 첫 번째      ② 두 번째
③ 세 번째      ④ 네 번째
⑤ 다섯 번째    ⑥ 여섯 번째
⑦ 일곱 번째    ⑧ 여덟 번째
⑨ 아홉 번째
```

49. 韓 [   ]

50. 室 [   ]

제8회 한자능력검정시험 8급 예상문제

(社) 한국어문회주관

문 항 수 : 50문항
합격점수 : 35점
제한시간 : 50분

1. [문제1~10] 다음 글을 읽고 ( )안의 漢字
   (한자)의 讀音(독음:읽는소리)을 쓰세요.

< 보 기 >
(先) → 선

1. 나는 (二)   [   ]
2. (學)   [   ]
3. (年)   [   ]
4. (六)반 입니다.   [   ]
5. 우리 (教)   [   ]
6. (室)은   [   ]
7. (南)쪽 별관에 있습니다. [   ]
8. (東)쪽에는 체육관이 있습니다.[   ]
9. 교무실은 우리 학교 (中)앙 [   ]
10. (一)층에 있습니다.   [   ]

2. [문제11~20] 다음 밑줄친 말에 해당하
   는 漢字(한자)를 <보기>에서 찾아 그 번호
   를 쓰세요.

< 보 기 >
① 外   ② 萬   ③ 火   ④ 長
⑤ 國   ⑥ 九   ⑦ 北   ⑧ 金
⑨ 山   ⑩ 一

11. 기차는 몸통도 바퀴도 쇠로 만들어졌
    습니다.   [   ]
12. 북쪽 하늘에 검은 구름이 덮혔습니다.
                            [   ]
13. 코끼리는 코가 깁니다.   [   ]
14. 밖에서 공놀이를 하였습니다. [   ]

15. 일만원을 주고 장난감을 샀습니다.
                            [   ]
16. 전기불이 꺼졌습니다.   [   ]
17. 우리나라는 사계절이 있습니다.
                            [   ]
18. 산은 푸르고 아름답습니다. [   ]
19. 노래는 한 사람씩 불렀습니다. [   ]
20. 아홉밤만 자면 방학입니다. [   ]

3. [문제21~30] 다음 말에 알맞은 漢字(한자)를
   <보기>에서 찾아 그 번호를 쓰세요.

< 보 기 >
① 門   ② 白   ③ 東   ④ 寸
⑤ 西   ⑥ 教   ⑦ 生   ⑧ 四
⑨ 八   ⑩ 民

21. 넉(넷)   [   ]
22. 여덟   [   ]
23. 마디   [   ]
24. 백성   [   ]
25. 서녘   [   ]
26. 희다   [   ]
27. 낳다   [   ]
28. 문   [   ]
29. 가르치다   [   ]
30. 동녘   [   ]

4. [문제31~40] 다음 漢字(한자)의 훈(訓:뜻)과 음(音:소리)을 쓰세요.

```
< 보 기 >
天 → 하늘천
```

31. 先 [   ]   32. 小 [   ]

33. 年 [   ]   34. 西 [   ]

35. 白 [   ]   36. 五 [   ]

37. 民 [   ]   38. 弟 [   ]

39. 九 [   ]   40. 門 [   ]

5. [문제41~48] 다음 漢字(한자)의 訓(훈:뜻)이나 음(音:소리)을 〈보기〉에서 찾아 그 번호를 쓰세요.

```
< 보 기 >
① 한          ② 계집
③ 서          ④ 여섯
⑤ 배우다      ⑥ 임금
⑦ 학교        ⑧ 남
```

41. 王 [   ]   42. 女 [   ]

43. 南 [   ]   44. 韓 [   ]

45. 六 [   ]   46. 學 [   ]

47. 西 [   ]   48. 校 [   ]

6. [문제49~50] 다음 漢字(한자)의 진하게 표시한 획은 몇 번째 쓰는지 〈보기〉에서 찾아 그 번호를 쓰세요.

```
< 보 기 >
① 첫 번째      ② 두 번째
③ 세 번째      ④ 네 번째
⑤ 다섯 번째    ⑥ 여섯 번째
⑦ 일곱 번째    ⑧ 여덟 번째
⑨ 아홉 번째    ⑩ 열 번째
```

49. 軍   [   ]

50. 水   [   ]

1. [문제1~10] 다음 글을 읽고 ( )안의 漢字(한자)의 讀音(독음:읽는소리)을 쓰세요.

```
< 보 기 >
(一) → 일
```

1. 3월 1일은 (大)　　　　　[　　　]
2. (韓)　　　　　　　　　　[　　　]
3. (民)　　　　　　　　　　[　　　]
4. (國)의 독립을 선언한 날이고 [　　　]
5. (八)　　　　　　　　　　[　　　]
6. (月)　　　　　　　　　　[　　　]
7. (十)　　　　　　　　　　[　　　]
8. (五)일은 해방되는 날입니다. [　　　]
9. 우리는 (父)　　　　　　　[　　　]
10. (母)님 말씀 잘 듣고 열심히 공부
　　하겠습니다.　　　　　　　[　　　]

2. [문제11~20] 다음 밑줄친 말에 해당하는 漢字(한자)를 〈보기〉에서 찾아 그 번호를 쓰세요.

```
< 보 기 >
① 木   ② 日   ③ 門   ④ 東
⑤ 南   ⑥ 弟   ⑦ 長   ⑧ 敎
⑨ 小   ⑩ 生
```

11. 새끼 발가락이 제일 작습니다. [　　　]
12. 나의 동생은 나만 따라서 합니다.
　　　　　　　　　　　　　　[　　　]
13. 나는 7년전에 태어났습니다. [　　　]

14. 문을 두드려도 응답이 없었습니다.
　　　　　　　　　　　　　　[　　　]
15. 농부는 긴 막대기로 밤을 땄습니다.
　　　　　　　　　　　　　　[　　　]
16. 해가 하늘 가운데 떠 있습니다. [　　　]
17. 숲에는 나무들이 많습니다. 　　[　　　]
18. 바람이 동쪽에서 불었습니다. 　[　　　]
19. 제주도는 우리나라의 남쪽에 있습니다.
　　　　　　　　　　　　　　[　　　]
20. 선생님은 학교에서 학생을 가르칩니다.
　　　　　　　　　　　　　　[　　　]

3. [문제21~30] 다음 말에 알맞은 漢字(한자)를 〈보기〉에서 찾아 그 번호를 쓰세요.

```
< 보 기 >
① 靑   ② 王   ③ 國   ④ 五
⑤ 水   ⑥ 月   ⑦ 外   ⑧ 父
⑨ 先   ⑩ 火
```

21. 푸르다　　　　　　　　　[　　　]
22. 불　　　　　　　　　　　[　　　]
23. 먼저　　　　　　　　　　[　　　]
24. 아버지　　　　　　　　　[　　　]
25. 밖　　　　　　　　　　　[　　　]
26. 임금　　　　　　　　　　[　　　]
27. 나라　　　　　　　　　　[　　　]
28. 다섯　　　　　　　　　　[　　　]
29. 달　　　　　　　　　　　[　　　]
30. 물　　　　　　　　　　　[　　　]

4. [문제31~40] 다음 漢字(한자)의 훈 (訓:뜻)과 음(흡:소리)을 쓰세요.

> < 보 기 >
> 天 → 하늘천

31. 學 [   ]   32. 校 [   ]

33. 韓 [   ]   34. 室 [   ]

35. 國 [   ]   36. 軍 [   ]

37. 萬 [   ]   38. 母 [   ]

39. 弟 [   ]   40. 民 [   ]

6. [문제49~50] 다음 漢字(한자)의 진 하게 표시한 획은 몇 번째 쓰는지 〈보기〉에서 찾아 그 번호를 쓰세요.

> < 보 기 >
> ① 첫 번째   ② 두 번째
> ③ 세 번째   ④ 네 번째
> ⑤ 다섯 번째   ⑥ 여섯 번째
> ⑦ 일곱 번째   ⑧ 여덟 번째
> ⑨ 아홉 번째   ⑩ 열 번째

49. 火   [   ]

50. 南   [   ]

5. [문제41~48] 다음 漢字(한자)의 訓(훈: 뜻)이나 음(흡:소리)을 〈보기〉에서 찾아 그 번호를 쓰세요.

> < 보 기 >
> ① 만   ② 북녘
> ③ 형   ④ 밖
> ⑤ 서녘   ⑥ 구
> ⑦ 해   ⑧ 일곱

41. 外 [   ]   42. 年 [   ]

43. 兄 [   ]   44. 萬 [   ]

45. 北 [   ]   46. 西 [   ]

47. 七 [   ]   48. 九 [   ]

한자능력 검정시험 8급
기출·예상문제(1~8회)

본 기출 · 예상문제는
한자능력검정시험에 출제되었던 문제를
수험생들에 의해 모아 만든 것입니다.
때문에 실제문제의 내용과 번호가
다소 다를 수 있습니다만 자신의 실제 합격점수대를
예측하는데 큰 도움이 될것입니다.
정답은 71쪽에 있습니다.

1. [문제1~10] 다음 글을 읽고 ( )안의 漢字 (한자)의 讀音(독음:읽는소리)을 쓰세요.

< 보 기 >
(音) → 음

1. 오늘은 (土)요일입니다.   [   ]
2. 우리는 형(弟)입니다.   [   ]
3. 우리나라는 (南)북이 갈려 있습니다.

                     [   ]
4. (山)에 나무가 많습니다.   [   ]
5. 남대(門)   [   ]
6. 당숙부는 (五)촌 아저씨입니다. [   ]
7. (人)간 세상   [   ]
8. (學)교 가는 길   [   ]
9. (東)양과 서양   [   ]
10. (先)생님께 인사합니다.   [   ]

2. [문제11~20] 다음 밑줄 친 말에 해당하는 漢字(한자)를 <보기>에서 찾아 그 번호를 쓰세요.

< 보 기 >
① 木   ② 大   ③ 軍   ④ 父
⑤ 兄   ⑥ 靑   ⑦ 母   ⑧ 年
⑨ 白   ⑩ 日

11. 나무를 심자   [   ]
12. 푸른 물이 흐릅니다.   [   ]
13. 아버지   [   ]

14. 어머니   [   ]
15. 형과 아우   [   ]
16. 군인들이 나라를 지킵니다. [   ]
17. 새 해를 기다립니다.   [   ]
18. 흰 구름이 떠 있습니다.   [   ]
19. 일요일   [   ]
20. 매우 큰 집   [   ]

3. [문제21~30] 다음 각 단어와 훈(訓:뜻)이나 음(音:소리)이 같은 漢字(한자)를 <보기>에서 찾아 그 번호를 쓰세요.

< 보 기 >
① 民   ② 十   ③ 王   ④ 金
⑤ 水   ⑥ 月   ⑦ 女   ⑧ 校
⑨ 六   ⑩ 火

21. 학교   [   ]
22. 여자   [   ]
23. 임금   [   ]
24. 물   [   ]
25. 쇠   [   ]
26. 달   [   ]
27. 불   [   ]
28. 열   [   ]
29. 백성   [   ]
30. 여섯   [   ]

4. [문제31~40] 다음 漢字(한자)의 훈 (訓:뜻)과 음(音:소리)을 쓰세요.

```
< 보 기 >
天  →  하늘천
```

31. 小 [   ]   32. 外 [   ]

33. 九 [   ]   34. 敎 [   ]

35. 西 [   ]   36. 二 [   ]

37. 七 [   ]   38. 中 [   ]

39. 萬 [   ]   40. 八 [   ]

5. [문제41~48] 다음 漢字(한자)의 훈(訓: 뜻)이나 음(音:소리)을 <보기>에서 찾아 그 번호를 쓰세요.

```
< 보 기 >
① 길다       ② 생
③ 셋         ④ 한국
⑤ 사         ⑥ 하나
⑦ 북         ⑧ 마디
```

41. 四 [   ]   42. 北 [   ]

43. 長 [   ]   44. 寸 [   ]

45. 生 [   ]   46. 韓 [   ]

47. 一 [   ]   48. 三 [   ]

6. [문제49~50] 다음 漢字(한자)에 서 진하게 표시한 획은 몇 번째 쓰는지 <보기>에서 찾아 그 번호를 쓰세요.

```
< 보 기 >
① 첫 번째      ② 두 번째
③ 세 번째      ④ 네 번째
⑤ 다섯 번째    ⑥ 여섯 번째
⑦ 일곱 번째    ⑧ 여덟 번째
⑨ 아홉 번째    ⑩ 열 번째
```

49. 國   [   ]

50. 室   [   ]

문 항 수 : 50문항
합격점수 : 35점
제한시간 : 50분

(社) 한국어문회주관

1. [문제1~10] 다음 글을 읽고 ( )안의 漢字 (한자)의 讀音(독음:읽는소리)을 쓰세요.

< 보 기 >
(音) → 음

1. (大) [ ]
2. (韓) [ ]
3. (民) [ ]
4. (國)의 [ ]
5. (靑) [ ]
6. (年)들은 우리나라의 미래입니다.
[ ]
7. (敎) [ ]
8. (室)에서 열심히 공부하고 [ ]
9. (先) [ ]
10. (生)님 말씀을 잘 들읍시다. [ ]

2. [문제11~20] 다음 밑줄 친 말에 해당하는 漢字(한자)를 <보기>에서 찾아 그 번호를 쓰세요.

< 보 기 >
①月 ②木 ③土 ④人
⑤母 ⑥弟 ⑦日 ⑧父
⑨水 ⑩兄

11. 어머니와 [ ]
12. 아버지도 좋아합니다. [ ]
13. 아우와 [ ]
14. 형은 그늘에서 쉽니다. [ ]
15. 사람이 [ ]
16. 나무를 심습니다. [ ]
17. 해와 [ ]
18. 달도 나무를 좋아합니다. [ ]
19. 나무에 물을 줍니다. [ ]
20. 흙도 덮어 줍니다.. [ ]

3. [문제21~30] 다음 각 단어와 훈(訓:뜻)이나 음(音:소리)이 같은 漢字(한자)를 <보기>에서 찾아 그 번호를 쓰세요.

< 보 기 >
①女 ②寸 ③二 ④六
⑤校 ⑥金 ⑦三 ⑧西
⑨北 ⑩七

21. 마디 [ ]
22. 여섯 [ ]
23. 학교 [ ]
24. 쇠 [ ]
25. 북쪽 [ ]
26. 둘 [ ]
27. 서쪽 [ ]
28. 셋 [ ]
29. 여자 [ ]
30. 일곱 [ ]

4. [문제31~40] 다음 漢字(한자)의 훈(訓:뜻)과 음(音:소리)을 쓰세요.

```
< 보 기 >
天 → 하늘천
```

31. 五 [   ]   32. 長 [   ]

33. 火 [   ]   34. 九 [   ]

35. 小 [   ]   36. 王 [   ]

37. 學 [   ]   38. 中 [   ]

39. 八 [   ]   40. 十 [   ]

5. [문제41~48] 다음 漢字(한자)의 훈(訓:뜻)이나 음(音:소리)을 〈보기〉에서 찾아 그 번호를 쓰세요.

```
< 보 기 >
① 외          ② 군
③ 남          ④ 하나
⑤ 산          ⑥ 넉
⑦ 희다        ⑧ 만
```

41. 四 [   ]   42. 一 [   ]

43. 萬 [   ]   44. 白 [   ]

45. 軍 [   ]   46. 南 [   ]

47. 外 [   ]   48. 山 [   ]

6. [문제49~50] 다음 漢字(한자)에서 진하게 표시한 획은 몇 번째 쓰는지 〈보기〉에서 찾아 그 번호를 쓰세요.

```
< 보 기 >
① 첫 번째      ② 두 번째
③ 세 번째      ④ 네 번째
⑤ 다섯 번째    ⑥ 여섯 번째
⑦ 일곱 번째    ⑧ 여덟 번째
⑨ 아홉 번째    ⑩ 열 번째
```

49. 東   [   ]

50. 門   [   ]

1. [문제1~10] 다음 글을 읽고 ( )안의 漢字
   (한자)의 讀音(독음:읽는소리)을 쓰세요.

< 보 기 >

(音) → 음

1. (學)   [   ]
2. (校)   [   ]
3. (先)   [   ]
4. (生)님과   [   ]
5. (三)   [   ]
6. (年)만에   [   ]
7. (國)가 보배인   [   ]
8. (南)   [   ]
9. (大)   [   ]
10. (門)을 찾았습니다.   [   ]

2. [문제11~20] 다음 밑줄 친 말에 해당하는
   漢字(한자)를 <보기>에서 찾아 그 번호를
   쓰세요.

< 보 기 >
① 室   ② 日   ③ 白   ④ 長
⑤ 父   ⑥ 水   ⑦ 靑   ⑧ 小
⑨ 木   ⑩ 弟

11. 아우(동생)가   [   ]
12. 태어난 날에   [   ]
13. 아버지는   [   ]

14. 작은   [   ]
15. 나무를   [   ]
16. 집 앞에 심었습니다.   [   ]
17. 드디어 푸른 잎이 나고 [   ]
18. 흰 꽃이 피었습니다.   [   ]
19. 저는 긴 호스를 사용하여 [   ]
20. 물을 주었습니다.   [   ]

3. [문제21~30] 다음 각 단어와 훈(訓:뜻)이나
   음(音:소리)이 같은 漢字(한자)를 <보기>에서
   찾아 그 번호를 쓰세요.

< 보 기 >
① 七   ② 火   ③ 土   ④ 王
⑤ 寸   ⑥ 民   ⑦ 六   ⑧ 母
⑨ 北   ⑩ 韓

21. 북쪽   [   ]
22. 여섯   [   ]
23. 임금   [   ]
24. 마디   [   ]
25. 어머니   [   ]
26. 화   [   ]
27. 민   [   ]
28. 칠   [   ]
29. 한   [   ]
30. 토   [   ]

4. [문제31~40] 다음 漢字(한자)의 훈(訓:뜻)과 음(音:소리)을 쓰세요.

< 보 기 >

天 → 하늘천

31. 軍 [   ]   32. 女 [   ]

33. 敎 [   ]   34. 四 [   ]

35. 十 [   ]   36. 東 [   ]

37. 人 [   ]   38. 中 [   ]

39. 八 [   ]   40. 山 [   ]

5. [문제41~44] 다음 漢字(한자)의 훈(訓:뜻)이나 음(音:소리)을 〈보기〉에서 찾아 그 번호를 쓰세요.

< 보 기 >

① 아홉   ② 서쪽
③ 하나   ④ 달

41. 九 [   ]   42. 月 [   ]

43. 一 [   ]   44. 西 [   ]

6. [문제45~48] 다음 漢字(한자)의 훈(訓:뜻)이나 음(音:소리)을 〈보기〉에서 찾아 그 번호를 쓰세요.

< 보 기 >

① 이   ② 형   ③ 만   ④ 오

45. 五 [   ]   46. 萬 [   ]

47. 二 [   ]   48. 兄 [   ]

7. [문제49~50] 다음 漢字(한자)의 진하게 표시한 획은 몇 번째 쓰는지 〈보기〉에서 찾아 그 번호를 쓰세요.

< 보 기 >

① 첫 번째   ② 두 번째
③ 세 번째   ④ 네 번째
⑤ 다섯 번째   ⑥ 여섯 번째
⑦ 일곱 번째   ⑧ 여덟 번째
⑨ 아홉 번째   ⑩ 열 번째

49. 外   [   ]

50. 金   [   ]

1. [문제1~10] 다음 글을 읽고 ( )안의 漢字
   (한자)의 讀音(독음:읽는소리)을 쓰세요.

< 보 기 >
(音) → 음

1. (軍)   [   ]

2. (人)들이 나라를 지키므로   [   ]

3. (大)   [   ]

4. (韓)   [   ]

5. (民)   [   ]

6. (國)은 안전합니다.   [   ]

7. (敎)   [   ]

8. (室)에서 공부도 할 수 있고,   [   ]

9. (父)   [   ]

10. (母)님과 평화롭게 지냅니다.   [   ]

2. [문제11~20] 다음 밑줄 친 말에 해당하는
   漢字(한자)를 〈보기〉에서 찾아 그 번호를
   쓰세요.

< 보 기 >
① 外   ② 火   ③ 小   ④ 弟
⑤ 日   ⑥ 長   ⑦ 白   ⑧ 土
⑨ 木   ⑩ 學

11. 해가 바뀌는 첫 날입니다.   [   ]

12. 설날에 대해 배웠습니다.   [   ]

13. 하얀 눈이   [   ]

14. 나무 위에 쌓입니다.   [   ]

15. 조그마한 교회당에도   [   ]

16. 긴 돌담에도,   [   ]

17. 흙 길에도 눈이 쌓입니다.   [   ]

18. 바깥이 추워지자,   [   ]

19. 동생과 나는   [   ]

20. 불가에서 몸을 녹입니다.   [   ]

3. [문제21~30] 다음 각 단어와 훈(訓:뜻)이나
   음(音:소리)이 같은 漢字(한자)를 〈보기〉에서
   찾아 그 번호를 쓰세요.

< 보 기 >
① 七   ② 水   ③ 東   ④ 三
⑤ 金   ⑥ 校   ⑦ 女   ⑧ 先
⑨ 一   ⑩ 八

21. 먼저   [   ]

22. 여자   [   ]

23. 여덟   [   ]

24. 동쪽   [   ]

25. 셋   [   ]

26. 일곱   [   ]

27. 학교   [   ]

28. 하나   [   ]

29. 물   [   ]

30. 쇠   [   ]

4. [문제31~40] 다음 漢字(한자)의 훈
(訓:뜻)과 음(音:소리)을 쓰세요.

```
< 보 기 >
天  →  하늘천
```

31. 寸 [   ]   32. 中 [   ]

33. 六 [   ]   34. 月 [   ]

35. 五 [   ]   36. 王 [   ]

37. 九 [   ]   38. 靑 [   ]

39. 生 [   ]   40. 十 [   ]

5. [문제41~48] 다음 漢字(한자)의 훈(訓:
뜻)이나 음(音:소리)을 <보기>에서 찾아
그 번호를 쓰세요.

```
< 보 기 >
① 이        ② 남
③ 북        ④ 넉
⑤ 만        ⑥ 형
⑦ 문        ⑧ 산
```

41. 四 [   ]   42. 北 [   ]

43. 萬 [   ]   44. 南 [   ]

45. 兄 [   ]   46. 門 [   ]

47. 二 [   ]   48. 山 [   ]

6. [문제49~50] 다음 漢字(한자)에서
진하게 표시한 획은 몇 번째 쓰는지
<보기>에서 찾아 그 번호를 쓰세요.

```
< 보 기 >
① 첫 번째      ② 두 번째
③ 세 번째      ④ 네 번째
⑤ 다섯 번째    ⑥ 여섯 번째
⑦ 일곱 번째    ⑧ 여덟 번째
⑨ 아홉 번째    ⑩ 열 번째
```

49. 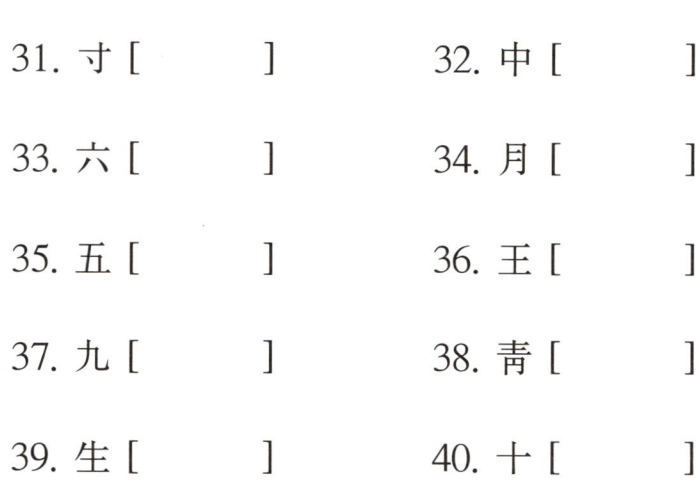   [   ]

50. 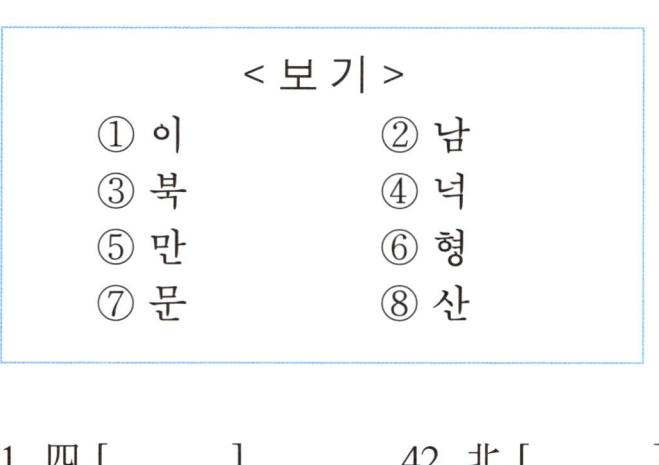   [   ]

제5회 한자능력검정시험 8급 기출예상문제

(社) 한국어문회주관

문 항 수 : 50문항
합격점수 : 35점
제한시간 : 50분

---

1. [문제1~10] 다음 글을 읽고 ( )안의 漢字(한자)의 讀音(독음:읽는소리)을 쓰세요.

< 보 기 >
(音) → 음

1. (校)　　　　　　　　　　　　[　　　]
2. (長)　　　　　　　　　　　　[　　　]
3. (先)　　　　　　　　　　　　[　　　]
4. (生)님께서 무대의　　　　　[　　　]
5. (中)앙으로 나오셔서　　　　[　　　]
6. (學)교 자랑과 함께　　　　　[　　　]
7. (敎)육의 중요성에 대해 말씀 하시고
　　　　　　　　　　　　　　[　　　]
8. (北)쪽으로 난　　　　　　　[　　　]
9. (靑)　　　　　　　　　　　　[　　　]
10. (門)으로 나갔습니다.　　　[　　　]

2. [문제11~15] 다음 ( )안의 漢字(한자)에 해당하는 讀音(독음:읽는소리)을 〈보기〉에서 찾아 그 번호를 쓰세요.

< 보 기 >
①동　②일　③년　④서　⑤월

11. 금(年)　　　　　　　　　　[　　　]
12. 8(月)　　　　　　　　　　 [　　　]
13. 15(日)은 66주년 광복절입니다. [　　　]
14. 해는 (東)쪽에서 뜨고,　　[　　　]
15. (西)쪽으로 갑니다.　　　　[　　　]

3. [문제16~20] 다음 밑줄 친 말에 해당하는 漢字(한자)를 〈보기〉에서 찾아 그 번호를 쓰세요.

< 보 기 >
①王　②國　③水　④木　⑤民

16. 산에 나무를 심고,　　　　[　　　]
17. 물을 줍니다.　　　　　　　[　　　]
18. 임금은　　　　　　　　　　[　　　]
19. 나라의　　　　　　　　　　[　　　]
20. 백성을 보호합니다.　　　　[　　　]

4. [문제21~30] 다음 말에 알맞은 漢字(한자)를 〈보기〉에서 찾아 그 번호를 쓰세요.

< 보 기 >
①六　②人　③三　④母
⑤萬　⑥女　⑦九　⑧土
⑨兄　⑩一

21. 여섯　　　　　　　　　　　[　　　]
22. 형　　　　　　　　　　　　[　　　]
23. 사람　　　　　　　　　　　[　　　]
24. 하나　　　　　　　　　　　[　　　]
25. 어머니　　　　　　　　　　[　　　]
26. 일만　　　　　　　　　　　[　　　]
27. 여자　　　　　　　　　　　[　　　]
28. 셋　　　　　　　　　　　　[　　　]
29. 아홉　　　　　　　　　　　[　　　]
30. 흙　　　　　　　　　　　　[　　　]

5. [문제31~40] 다음 漢字(한자)의 훈(訓:뜻)과 음(音:소리)을 쓰세요.

> < 보 기 >
> 天 → 하늘천

31. 大 [   ]   32. 七 [   ]

33. 白 [   ]   34. 父 [   ]

35. 軍 [   ]   36. 小 [   ]

37. 八 [   ]   38. 寸 [   ]

39. 二 [   ]   40. 金 [   ]

6. [문제41~44] 다음 漢字(한자)의 음(音:소리)을 <보기>에서 찾아 그 번호를 쓰세요.

> < 보 기 >
> ① 산   ② 사   ③ 화   ④ 한

41. 山 [   ]   42. 韓 [   ]

43. 四 [   ]   44. 火 [   ]

7. [문제45~48] 다음 漢字(한자)의 훈(訓:뜻)을 <보기>에서 찾아 그 번호를 쓰세요.

> < 보 기 >
> ① 바깥   ② 집
> ③ 열   ④ 다섯

45. 外 [   ]   46. 十 [   ]

47. 五 [   ]   48. 室 [   ]

8. [문제49~50] 다음 漢字(한자)의 진하게 표시한 획은 몇 번째 쓰는지 <보기>에서 찾아 그 번호를 쓰세요.

> < 보 기 >
> ① 첫 번째   ② 두 번째
> ③ 세 번째   ④ 네 번째
> ⑤ 다섯 번째   ⑥ 여섯 번째
> ⑦ 일곱 번째   ⑧ 여덟 번째
> ⑨ 아홉 번째   ⑩ 열 번째

49. 南   [   ]

50. 弟   [   ]

1. [문제1~10] 다음 글을 읽고 ( )안의 漢字(한자)의 讀音(독음:읽는소리)을 쓰세요.

<보기>
(音) → 음

1. 우리 (先)생님은 [   ]
2. (靑)년 이십니다. [   ]
3. (兄)은 [   ]
4. (五)학년 입니다. [   ]
5. (金)요일까지 학교에 가고 [   ]
6. (土)요일에는 수업이 없습니다. [   ]
7. (南) [   ]
8. (山) 앞에 [   ]
9. 우리 (學)교가 있고 [   ]
10. (東)쪽으로는 체육관이 있습니다.
[   ]

2. [문제11~20] 다음 밑줄 친 말에 해당하는 漢字(한자)를 <보기>에서 찾아 그 번호를 쓰세요.

<보기>
① 六   ② 長   ③ 父   ④ 母
⑤ 日   ⑥ 大   ⑦ 敎   ⑧ 外
⑨ 白   ⑩ 弟

11. 삼촌은 날마다 [   ]
12. 바깥에서 일하십니다. [   ]
13. 아버님은 [   ]
14. 팔이 길고, 갸름합니다. [   ]
15. 내 아우는 [   ]
16. 여섯 살이고 [   ]
17. 얼굴이 흽니다. [   ]
18. 어머님은 [   ]
19. 큰 [   ]
20. 가르치심을 저에게 주셨습니다.
[   ]

3. [문제21~30] 다음 말에 알맞은 漢字(한자)를 <보기>에서 찾아 그 번호를 쓰세요.

<보기>
① 人   ② 中   ③ 八   ④ 水
⑤ 國   ⑥ 校   ⑦ 小   ⑧ 木
⑨ 七   ⑩ 九

21. 여덟 [   ]
22. 학교 [   ]
23. 사람 [   ]
24. 가운데 [   ]
25. 나라 [   ]
26. 일곱 [   ]
27. 물 [   ]
28. 나무 [   ]
29. 아홉 [   ]
30. 작다 [   ]

4. [문제31~40] 다음 漢字(한자)의 훈(訓:뜻)과 음(音:소리)을 쓰세요.

> < 보 기 >
> 天 → 하늘천

31. 一 [   ]   32. 生 [   ]

33. 四 [   ]   34. 女 [   ]

35. 年 [   ]   36. 北 [   ]

37. 門 [   ]   38. 萬 [   ]

39. 火 [   ]   40. 寸 [   ]

5. [문제41~48] 다음 漢字(한자)의 훈(訓:뜻)이나 음(音:소리)을 <보기>에서 찾아 그 번호를 쓰세요.

> < 보 기 >
> ① 군사   ② 열
> ③ 서녘   ④ 달
> ⑤ 석   ⑥ 왕
> ⑦ 민   ⑧ 실

41. 十 [   ]   42. 王 [   ]

43. 民 [   ]   44. 軍 [   ]

45. 西 [   ]   46. 月 [   ]

47. 三 [   ]   48. 室 [   ]

6. [문제49~50] 다음 漢字(한자)에서 진하게 표시한 획은 몇 번째 쓰는지 <보기>에서 찾아 그 번호를 쓰세요.

> < 보 기 >
> ① 첫 번째   ② 두 번째
> ③ 세 번째   ④ 네 번째
> ⑤ 다섯 번째   ⑥ 여섯 번째
> ⑦ 일곱 번째   ⑧ 여덟 번째
> ⑨ 아홉 번째   ⑩ 열 번째

49. 軍   [   ]

50. 教   [   ]

제7회 한자능력검정시험 8급 기출예상문제

(社) 한국어문회주관

문 항 수 : 50문항
합격점수 : 35점
제한시간 : 50분

1. [문제1~10] 다음 글을 읽고 ( )안의 漢字(한자)의 讀音(독음:읽는소리)을 쓰세요.

< 보 기 >
(音) → 음

1. (校)   [　　　]
2. (長)   [　　　]
3. (先)   [　　　]
4. (生)님께서는   [　　　]
5. (敎)   [　　　]
6. (室)에서 사이좋게   [　　　]
7. (萬)   [　　　]
8. (國)기를 만들고 있는   [　　　]
9. (女)   [　　　]
10. (學)생들에게 잘 한다고 칭찬해 주셨

　　습니다.   [　　　]

2. [문제11~20] 다음 밑줄 친 말에 해당하는 漢字(한자)를 <보기>에서 찾아 그 번호를 쓰세요.

< 보 기 >
① 山　② 木　③ 大　④ 日
⑤ 外　⑥ 六　⑦ 火　⑧ 弟
⑨ 月　⑩ 水

11. 동생이 이제 걷기 시작합니다. [　　　]

12. 새가 나무에 앉아 있습니다. [　　　]

13. 수돗물이 나오지 않습니다. [　　　]

14. 큰 풍선이 하늘에 떠 있습니다.

　　 [　　　]

15. 산불을 조심해야 합니다. [　　　]

16. 밖에 비가 내립니다. [　　　]

17. 여섯 밤만 자면 추석입니다. [　　　]

18. 초승달이 작게 보입니다. [　　　]

19. 산토끼가 뛰어 다닙니다. [　　　]

20. 해가 동쪽 하늘에 떠오릅니다. [　　　]

3. [문제21~30] 다음 말에 알맞은 漢字(한자)를 <보기>에서 찾아 그 번호를 쓰세요.

< 보 기 >
① 韓　② 五　③ 金　④ 門
⑤ 九　⑥ 白　⑦ 軍　⑧ 一
⑨ 王　⑩ 母

21. 백   [　　　]
22. 구   [　　　]
23. 한국   [　　　]
24. 임금   [　　　]
25. 엄마   [　　　]
26. 다섯   [　　　]
27. 쇠   [　　　]
28. 문   [　　　]
29. 일   [　　　]
30. 군사   [　　　]

4. [문제31~40] 다음 漢字(한자)의 훈(訓:뜻)과 음(音:소리)을 쓰세요.

> < 보 기 >
>
> 天 → 하늘천

31. 兄 [   ]   32. 四 [   ]

33. 人 [   ]   34. 七 [   ]

35. 東 [   ]   36. 中 [   ]

37. 土 [   ]   38. 小 [   ]

39. 二 [   ]   40. 靑 [   ]

5. [문제41~44] 다음 漢字(한자)의 훈(訓:뜻)이나 음(音:소리)을 <보기>에서 찾아 그 번호를 쓰세요.

> < 보 기 >
>
> ① 북녘   ② 민
> ③ 아비   ④ 열

41. 北 [   ]   42. 父 [   ]

43. 十 [   ]   44. 民 [   ]

6. [문제45~48] 다음 漢字(한자)의 훈(訓:뜻)이나 음(音:소리)을 <보기>에서 찾아 그 번호를 쓰세요.

> < 보 기 >
>
> ① 마디   ② 년   ③ 팔   ④ 서

45. 西 [   ]   46. 寸 [   ]

47. 八 [   ]   48. 年 [   ]

7. [문제49~50] 다음 漢字(한자)의 진하게 표시한 획은 몇 번째 쓰는지 <보기>에서 찾아 그 번호를 쓰세요.

> < 보 기 >
>
> ① 첫 번째   ② 두 번째
> ③ 세 번째   ④ 네 번째
> ⑤ 다섯 번째   ⑥ 여섯 번째
> ⑦ 일곱 번째   ⑧ 여덟 번째
> ⑨ 아홉 번째   ⑩ 열 번째

49. 東 [   ]

50. 南 [   ]

1. [문제1~10] 다음 글을 읽고 ( )안의 漢字(한자)의 讀音(독음:읽는소리)을 쓰세요.

< 보 기 >
(音) → 음

1. 창(門) 너머 [   ]

2. (北)쪽으로 [   ]

3. (國)기가 펄럭이고 [   ]

4. (南)쪽으로는 [   ]

5. (山)이 보입니다. [   ]

6. 운동장에서 (白)군과 [   ]

7. (靑)군이 달리기 시합을 합니다. [   ]

8. (兄)들은 축구를 하고 [   ]

9. (先)생님이 호루라기를 부십니다. [   ]

10. (女)학생들은 머리에 리본을 꽂았

     습니다. [   ]

2. [문제11~20] 다음 밑줄 친 말에 해당하는 漢字(한자)를 <보기>에서 찾아 그 번호를 쓰세요.

< 보 기 >
① 七   ② 人   ③ 民   ④ 軍
⑤ 母   ⑥ 弟   ⑦ 父   ⑧ 小
⑨ 大   ⑩ 土

11. 내 아우는 [   ]

12. 키가 작고 [   ]

13. 흙장난을 좋아하고 [   ]

14. 아침 일곱시에 일어납니다. [   ]

15. 큰 도시에는 [   ]

16. 사람이 많습니다. [   ]

17. 군인들은 나라를 지킵니다. [   ]

18. 아버지와 [   ]

19. 어머니는 [   ]

20. 농사짓는 백성입니다. [   ]

3. [문제21~30] 다음 말에 알맞은 漢字(한자)를 <보기>에서 찾아 그 번호를 쓰세요.

< 보 기 >
① 火   ② 室   ③ 中   ④ 月
⑤ 外   ⑥ 木   ⑦ 八   ⑧ 寸
⑨ 韓   ⑩ 日

21. 나무 [   ]

22. 불 [   ]

23. 밖 [   ]

24. 집 [   ]

25. 여덟 [   ]

26. 날 [   ]

27. 한국 [   ]

28. 가운데 [   ]

29. 마디 [   ]

30. 달 [   ]

4. [문제31~40] 다음 漢字(한자)의 훈
   (訓:뜻)과 음(音:소리)을 쓰세요.

< 보 기 >
天 → 하늘천

31. 金 [   ]   32. 一 [   ]

33. 敎 [   ]   34. 四 [   ]

35. 生 [   ]   36. 六 [   ]

37. 萬 [   ]   38. 東 [   ]

39. 年 [   ]   40. 學 [   ]

5. [문제41~48] 다음 漢字(한자)의 훈(訓:
   뜻)이나 음(音:소리)을 <보기>에서 찾아
   그 번호를 쓰세요.

< 보 기 >
① 길다   ② 물
③ 다섯   ④ 서녘
⑤ 열   ⑥ 둘
⑦ 왕   ⑧ 교

41. 校 [   ]   42. 長 [   ]

43. 十 [   ]   44. 五 [   ]

45. 二 [   ]   46. 水 [   ]

47. 西 [   ]   48. 王 [   ]

6. [문제49~50] 다음 漢字(한자)에서
   진하게 표시한 획은 몇 번째 쓰는지
   <보기>에서 찾아 그 번호를 쓰세요.

< 보 기 >
① 첫 번째   ② 두 번째
③ 세 번째   ④ 네 번째
⑤ 다섯 번째   ⑥ 여섯 번째
⑦ 일곱 번째   ⑧ 여덟 번째
⑨ 아홉 번째   ⑩ 열 번째

49. 教   [   ]

50. 韓   [   ]

8급 예상문제 정답

제1회 예상문제 정답

1. 일 2. 학 3. 년 4. 교 5. 교 6. 실 7. 여 8. 선 9. 생 10. 문 11. ⑥女 12. ⑧南 13. ⑩母 14. ⑨靑 15. ⑤長 16. ②室 17. ③九 18. ④火 19. ⑦外 20. ①八 21. ⑩弟 22. ⑤金 23. ④西 24. ⑨兄 25. ③王 26. ⑧學 27. ②小 28. ⑦木 29. ①七 30. ⑥萬 31. 아비부 32. 배울학 33. 큰대 34. 열십 35. 가르칠교 36. 북녘북 37. 집실 38. 동녘동 39. 날일 40. 학교교 41. ②가운데 42. ③먼저 43. ①북녘 44. ④다섯 45. ④륙 46. ③선 47. ①년 48. ②민 49. ① 50. ④

제2회 예상문제 정답

1. 동 2. 서 3. 형 4. 제 5. 부 6. 모 7. 산 8. 백 9. 남 10. 북 11. ②東 12. ⑥敎 13. ⑧國 14. ⑤萬 15. ⑦日 16. ⑨中 17. ①王 18. ⑩軍 19. ③父 20. ④五 21. ⑩女 22. ⑤靑 23. ④生 24. ⑨北 25. ③長 26. ⑧四 27. ②月 28. ①母 29. ⑥校 30. ⑦人 31. 긴장 32. 한국한,나라한 33. 해년 34. 흰백 35. 작을소 36. 한일 37. 여덟팔 38. 아홉구 39. 여섯륙 40. 넉사 41. ③나무 42. ⑧문 43. ②크다 44. ①형 45. ⑦제 46. ④일곱 47. ⑥백성 48. ⑤푸르다 49. ⑤ 50. ⑨

제3회 예상문제 정답

1. 월 2. 화 3. 수 4. 목 5. 금 6. 토 7. 일 8. 칠 9. 오 10. 사 11. ①校 12. ③生 13. ⑦金 14. ⑧四 15. ⑥水 16. ⑨土 17. ⑤北 18. ⑩九 19. ②西 20. ④兄 21. ②父 22. ③中 23. ⑩山 24. ⑤三 25. ④外 26. ⑦五 27. ⑥十 28. ①南 29. ⑨日 30. ⑧火 31. 다섯오 32. 아우제 33. 형형 34. 나라국 35. 일만만 36. 메산 37. 임금왕 38. 가운데중 39. 불화 40. 군사군 41. ③해 42. ②동녘 43. ④푸르다 44. ①가르치다 45. ③한 46. ④남 47. ①학 48. ②모 49. ⑨ 50. ⑨

제4회 예상문제 정답

1. 만 2. 중 3. 교 4. 장 5. 문 6. 교 7. 실 8. 선 9. 생 10. 인 11. ②弟 12. ⑧月 13. ④兄 14. ③山 15. ⑥年 16. ①學 17. ⑤小 18. ⑦六 19. ⑨門 20. ⑩寸 21. ③韓 22. ④大 23. ⑨二 24. ⑩國 25. ⑤敎 26. ②民 27. ①先 28. ⑥六 29. ⑦白 30. ⑧九 31. 어미모 32. 석(셋)삼 33. 밖외 34. 푸를청 35. 물수 36. 쇠금,성김 37. 마무목 38. 날생,살생 39. 달월 40. 마디촌 41. ⑥일만 42. ③넉(넷) 43. ②학교 44. ⑤군사 45. ⑦산 46. ①화 47. ④실 48. ⑧배우다 49. ⑤ 50. ③

제5회 예상문제 정답

1. 대 2. 왕 3. 청 4. 년 5. 군 6. 인 7. 국 8. 민 9. 학 10. 교 11. ④白 12. ⑧木 13. ③韓 14. ②大 15. ①弟 16. ⑤學 17. ⑨靑 18. ⑥人 19. ⑦月 20. ⑩敎 21. ③軍 22. ⑦東 23. ⑤一 24. ⑩門 25. ①寸 26. ⑧年 27. ⑨水 28. ④土 29. ②室 30. ⑥八 31. 남녘남 32. 문문 33. 서녘서 34. 두이 35. 일곱칠 36. 계집녀 37. 백성민 38. 먼저선 39. 사람인 40. 흙토 41. ③길다 42. ①낳다 43. ④아버지 44. ②나라 45. ③북 46. ④교 47. ①제 48. ②만 49. ④ 50. ①

제6회 예상문제 정답

1. 구 2. 십 3. 일 4. 오 5. 육 6. 한 7. 국 8. 선 9. 중 10. 금 11. ⑤國 12. ②七 13. ⑥二 14. ⑧軍 15. ①門 16. ④韓 17. ③人 18. ⑦校 19. ⑨水 20. ⑩白 21. ④大 22. ⑤學 23. ⑨韓 24. ①室 25. ⑩木 26. ②弟 27. ⑦女 28. ⑧母 29. ③六 30. ⑥三 31. 밖외 32. 북녘북 33. 쇠금;성김 34. 남녘남 35. 동녘동 36. 가르칠교 37. 임금왕 38. 일만만 39. 긴장 40. 집실 41. ⑤백성 42. ④아홉 43. ②수 44. ①마디 45. ③먼저 46. ⑧다섯 47. ⑦형 48. ⑥교 49. ④ 50. ④

제7회 예상문제 정답

1. 토 2. 형 3. 부 4. 모 5. 삼 6. 촌 7. 산 8. 외 9. 연 10. 백 11. ①南 12. ④父 13. ⑧四 14. ③東 15. ⑦女 16. ⑥母 17. ⑤王 18. ②外 19. ⑩十 20. ⑨室 21. ⑨金 22. ⑤萬 23. ④軍 24. ②北 25. ①年 26. ③月 27. ⑦長 28. ⑥南 29. ⑧兄 30. ⑩九 31. 어미모 32. 학교교 33. 배울학 34. 군사군 35. 나라국 36. 불화 37. 한국한,나라한 38. 가운데중 39. 형형 40. 푸를청 41. ④임금 42. ③마디 43. ①희다 44. ②쇠 45. ③실 46. ④교 47. ②장 48. ①오 49. ⑦ 50. ⑦

제8회 예상문제 정답

1. 이 2. 학 3. 년 4. 육 5. 교 6. 실 7. 남 8. 동 9. 중 10. 일 11. ⑧金 12. ⑦北 13. ④長 14. ①外 15. ②萬 16. ③火 17. ⑤國 18. ⑨山 19. ⑩一 20. ⑥九 21. ⑧四 22. ⑨八 23. ④寸 24. ⑩民 25. ⑤西 26. ②희다 27. ⑦生 28. ①門 29. ⑥教 30. ③東 31. 먼저선 32. 작을소 33. 해년 34. 서녘서 35. 흰백 36. 다섯오 37. 백성민 38. 아우제 39. 아홉구 40. 문문 41. ⑥임금 42. ②계집 43. ⑧남 44. ①한 45. ④여섯 46. ⑤배우다 47. ③서 48. ⑦학교 49. ⑧ 50. ①

제9회 예상문제 정답

1. 대 2. 한 3. 민 4. 국 5. 팔 6. 월 7. 십 8. 오 9. 부 10. 모 11. ⑨小 12. ⑥弟 13. ⑩生 14. ③門 15. ⑦長 16. ②日 17. ①木 18. ④東 19. ⑤南 20. ⑧教 21. ①青 22. ⑩火 23. ⑨先 24. ⑧父 25. ⑦外 26. ②王 27. ③國 28. ④五 29. ⑥月 30. ⑤水 31. 배울학 32. 학교교 33. 한국한 34. 집실 35. 나라국 36. 군사군 37. 일만만 38. 어미모 39. 아우제 40. 백성민 41. ④밖 42. ⑦해 43. ③형 44. ①만 45. ②북녘 46. ⑤서녘 47. ⑧일곱 48. ⑥구 49. ③ 50. ⑧

8급 기출·예상문제 정답

제1회 기출·예상문제 정답

1. 토 2. 제 3. 남 4. 산 5. 문 6. 오 7. 인 8. 학 9. 동 10. 선 11. ①木 12. ⑥靑 13. ④父 14. ⑦母 15. ⑤兄 16. ③軍 17. ⑧年 18. ⑨白 19. ⑩日 20. ②大 21. ⑧校 22. ⑦女 23. ③王 24. ⑤水 25. ④金 26. ⑥月 27. ⑩火 28. ②十 29. ①民 30. ⑨六 31. 작을소 32. 밖외 33. 아홉구 34. 가르칠교 35. 서녘서 36. 두이 37. 일곱칠 38. 가운데중 39. 일만만 40. 여덟팔 41. ⑤사 42. ⑦북 43. ①길다 44. ⑧마디 45. ②생 46. ④한국 47. ⑥하나 48. ③셋 49. ⑦ 50. ⑦

제2회 기출·예상문제 정답

1. 대 2. 한 3. 민 4. 국 5. 청 6. 년 7. 교 8. 실 9. 선 10. 생 11. ⑤母 12. ⑧父 13. ⑥弟 14. ⑩兄 15. ④人 16. ②木 17. ⑦日 18. ①月 19. ⑨水 20. ③土 21. ②寸 22. ④六 23. ⑤校 24. ⑥金 25. ⑨北 26. ③二 27. ⑧西 28. ⑦三 29. ①女 30. ⑩七 31. 다섯오 32. 긴장 33. 불화 34. 아홉구 35. 작을소 36. 임금왕 37. 배울학 38. 가운데중 39. 여덟팔 40. 열십 41. ⑥녁 42. ④하나 43. ⑧만 44. ⑦희다 45. ②군 46. ③남 47. ①외 48. ⑤산 49. ⑥ 50. ⑥

제3회 기출·예상문제 정답

1. 학 2. 교 3. 선 4. 생 5. 삼 6. 년 7. 국 8. 남 9. 대 10. 문 11. ⑩弟 12. ②日 13. ⑤父 14. ⑧小 15. ⑨木 16. ①室 17. ⑦靑 18. ③白 19. ④長 20. ⑥水 21. ⑨北 22. ⑦六 23. ④王 24. ⑤寸 25. ⑧母 26. ②火 27. ⑥民 28. ①七 29. ⑩韓 30. ③土 31. 군사군 32. 계집녀 33. 가르칠교 34. 넉(넷)사 35. 열십 36. 동녘동 37. 사람인 38. 가운데중 39. 여덟팔 40. 메산 41. ①아홉 42. ④달 43. ③하나 44. ②서쪽 45. ④오 46. ③만 47. ①이 48. ②형 49. ③ 50. ④

제4회 기출·예상문제 정답

1. 군 2. 인 3. 대 4. 한 5. 민 6. 국 7. 교 8. 실 9. 부 10. 모 11. ⑤日 12. ⑩學 13. ⑦白 14. ⑨木 15. ③小 16. ⑥長 17. ⑧土 18. ①外 19. ④弟 20. ②火 21. ⑧先 22. ⑦女 23. ⑩八 24. ③東 25. ④三 26. ①七 27. ⑥校5 28. ⑨一 29. ②水 30. ⑤金 31. 마디촌 32. 가운데중 33. 여섯륙 34. 달월 35. 다섯오 36. 임금왕 37. 아홉구 38. 푸를청 39. 날생 40. 열십 41. ④넉 42. ③북 43. ⑤만 44. ②남 45. ⑥형 46. ⑦문 47. ①이 48. ⑧산 49. ③ 50. ④

제5회 기출·예상문제 정답

1. 교 2. 장 3. 선 4. 생 5. 중 6. 학 7. 교 8. 북 9. 청 10. 문 11. ③년 12. ⑤월 13. ②일 14. ①동 15. ④서 16. ④木 17. ③水 18. ①王 19. ②國 20. ⑤民 21. ①六 22. ⑨兄 23. ②人 24. ⑩一 25. ④母 26. ⑤萬 27. ⑥女 28. ③三 29. ⑦九 30. ⑧土 31. 큰대 32. 일곱칠 33. 흰백 34. 아비부 35. 군사군 36. 작을소 37. 여덟팔 38. 마디촌 39. 두이 40. 쇠금,성김 41. ①산 42. ④한 43. ②사 44. ③화 45. ①바깥 46. ③열 47. ④다섯 48. ②집 49. ② 50. ⑥

제6회 기출·예상문제 정답

1. 선 2. 청 3. 형 4. 오 5. 금 6. 토 7. 남 8. 산 9. 학 10. 동 11. ⑤日 12. ⑧外 13. ③父 14. ②長 15. ⑩弟 16. ①六 17. ⑨白 18. ④母 19. ⑥大 20. ⑦敎 21. ③八 22. ⑥校 23. ①人 24. ②中 25. ⑤國 26. ⑨七 27. ④水 28. ⑧木 29. ⑩九 30. ⑦小 31. 한일 32. 날생 33. 넉(넷)사 34. 계집녀 35. 해년 36. 북녘북 37. 문문 38. 일 만만 39. 불화 40. 마디촌 41. ②열 42. ⑥왕 43. ⑦민 44. ①군사 45. ③서녘 46. ④달 47. ⑤석 48. ⑧실 49. ⑤ 50. ⑦

제7회 기출·예상문제 정답

1. 교 2. 장 3. 선 4. 생 5. 교 6. 실 7. 만 8. 국 9. 여 10. 학 11. ⑧弟 12. ②木 13. ⑩水 14. ③大 15. ⑦火 16. ⑤外 17. ⑥六 18. ⑨月 19. ①山 20. ④日 21. ⑥白 22. ⑤九 23. ①韓 24. ⑨王 25. ⑩母 26. ②五 27. ③金 28. ④門 29. ⑧一 30. ⑦軍 31. 형형 32. 넉사 33. 사람인 34. 일곱칠 35. 동녘동 36. 가운데중 37. 흙토 38. 작을소 39. 두이 40. 푸를청 41. ①북녘 42. ③아비 43. ④열 44. ②민 45. ④서 46. ①마디 47. ③팔 48. ②년 49. ⑥ 50. ①

제8회 기출·예상문제 정답

1. 문 2. 북 3. 국 4. 남 5. 산 6. 백 7. 청 8. 형 9. 선 10. 여 11. ⑥弟 12. ⑧小 13. ⑩土 14. ①七 15. ⑨大 16. ②人 17. ④軍 18. ⑦父 19. ⑤母 20. ③民 21. ⑥木 22. ①火 23. ⑤外 24. ②室 25. ⑦八 26. ⑩日 27. ⑨韓 28. ③中 29. ⑧寸 30. ④月 31. 쇠금,성김 32. 한일 33. 가르칠교 34. 넉사 35. 날생 36. 여섯륙 37. 일만만 38. 동녘동 39. 해년 40. 배울학 41. ⑧교 42. ①길다 43. ⑤열 44. ③다섯 45. ⑥둘 46. ②물 47. ④서녘 48. ⑦왕 49. ④ 50. ⑤

수험번호 ☐☐☐ - ☐☐ - ☐☐☐☐   성 명 ☐☐☐☐

주민등록번호 ☐☐☐☐☐☐ - ☐☐☐☐☐☐☐   ※ 유성펜, 연필, 붉은색 필기구 사용 불가.

※ 답안지는 컴퓨터로 처리되므로 구기거나 더럽히지 마시고, 정답 칸 안에만 쓰십시오. 글씨가 채점란으로 들어오면 오답처리가 됩니다.

제 회 전국한자능력검정시험 8급 답안지(1) (시험시간 50분)

번호	답 안 란 정 답	채점란 1검	2검	번호	답 안 란 정 답	채점란 1검	2검
1				13			
2				14			
3				15			
4				16			
5				17			
6				18			
7				19			
8				20			
9				21			
10				22			
11				23			
12				24			

감 독 위 원	채 점 위 원 (1)		채 점 위 원 (2)		채 점 위 원 (3)	
(서명)	(득점)	(서명)	(득점)	(서명)	(득점)	(서명)

※ 뒷면으로 이어짐

※ 답안지는 컴퓨터로 처리되므로 구기거나 더럽히지 마시고, 정답 칸 안에만 쓰십시오. 글씨가 채점란으로 들어오면 오답처리가 됩니다.

제   회 전국한자능력검정시험 8급 답안지(2)

번호	답 안 란 정 답	채점란 1검	채점란 2검	번호	답 안 란 정 답	채점란 1검	채점란 2검
25				38			
26				39			
27				40			
28				41			
29				42			
30				43			
31				44			
32				45			
33				46			
34				47			
35				48			
36				49			
37				50			

수험번호 ☐☐☐-☐☐-☐☐☐☐   성 명 ☐☐☐☐☐

주민등록번호 ☐☐☐☐☐☐-☐☐☐☐☐☐☐   ※ 유성펜, 연필, 붉은색 필기구 사용 불가.

※ 답안지는 컴퓨터로 처리되므로 구기거나 더럽히지 마시고, 정답 칸 안에만 쓰십시오. 글씨가 채점란으로 들어오면 오답처리가 됩니다.

제 회 전국한자능력검정시험 8급 답안지(1) (시험시간 50분)

번호	답 안 란 정 답	채점란 1검	2검	번호	답 안 란 정 답	채점란 1검	2검
1				13			
2				14			
3				15			
4				16			
5				17			
6				18			
7				19			
8				20			
9				21			
10				22			
11				23			
12				24			

감 독 위 원	채 점 위 원 (1)		채 점 위 원 (2)		채 점 위 원 (3)	
(서명)	(득점)	(서명)	(득점)	(서명)	(득점)	(서명)

※ 뒷면으로 이어짐

※ 답안지는 컴퓨터로 처리되므로 구기거나 더럽히지 마시고, 정답 칸 안에만 쓰십시오. 글씨가 채점란으로 들어오면 오답처리가 됩니다.

제   회 전국한자능력검정시험 8급 답안지(2)

번호	정답	1검	2검	번호	정답	1검	2검
25				38			
26				39			
27				40			
28				41			
29				42			
30				43			
31				44			
32				45			
33				46			
34				47			
35				48			
36				49			
37				50			

사단법인 한국어문회·한국한자능력검정회

수험번호 ☐☐☐ - ☐☐ - ☐☐☐☐ 성 명 ☐☐☐☐

주민등록번호 ☐☐☐☐☐☐ - ☐☐☐☐☐☐☐ ※ 유성펜, 연필, 붉은색 필기구 사용 불가.

※ 답안지는 컴퓨터로 처리되므로 구기거나 더럽히지 마시고, 정답 칸 안에만 쓰십시오. 글씨가 채점란으로 들어오면 오답처리가 됩니다.

제   회 전국한자능력검정시험 8급 답안지(1) (시험시간 50분)

번호	답 안 란 정 답	채점란 1검	2검	번호	답 안 란 정 답	채점란 1검	2검
1				13			
2				14			
3				15			
4				16			
5				17			
6				18			
7				19			
8				20			
9				21			
10				22			
11				23			
12				24			

감 독 위 원	채 점 위 원 (1)	채 점 위 원 (2)	채 점 위 원 (3)
(서명)	(득점) (서명)	(득점) (서명)	(득점) (서명)

※ 뒷면으로 이어짐

※ 답안지는 컴퓨터로 처리되므로 구기거나 더럽히지 마시고, 정답 칸 안에만 쓰십시오. 글씨가 채점란으로 들어오면 오답처리가 됩니다.

제   회 전국한자능력검정시험 8급 답안지(2)

번호	정답	1검	2검	번호	정답	1검	2검
25				38			
26				39			
27				40			
28				41			
29				42			
30				43			
31				44			
32				45			
33				46			
34				47			
35				48			
36				49			
37				50			

수험번호 ☐☐☐ - ☐☐ - ☐☐☐☐   성 명 ☐☐☐☐☐

주민등록번호 ☐☐☐☐☐☐ - ☐☐☐☐☐☐☐   ※ 유성펜, 연필, 붉은색 필기구 사용 불가.

※ 답안지는 컴퓨터로 처리되므로 구기거나 더럽히지 마시고, 정답 칸 안에만 쓰십시오. 글씨가 채점란으로 들어오면 오답처리가 됩니다.

제   회 전국한자능력검정시험 8급 답안지(1) (시험시간 50분)

번호	답 안 란 정 답	채점란 1검	2검	번호	답 안 란 정 답	채점란 1검	2검
1				13			
2				14			
3				15			
4				16			
5				17			
6				18			
7				19			
8				20			
9				21			
10				22			
11				23			
12				24			

감 독 위 원	채 점 위 원 (1)		채 점 위 원 (2)		채 점 위 원 (3)	
(서명)	(득점)	(서명)	(득점)	(서명)	(득점)	(서명)

※ 뒷면으로 이어짐

※ 답안지는 컴퓨터로 처리되므로 구기거나 더럽히지 마시고, 정답 칸 안에만 쓰십시오. 글씨가 채점란으로 들어오면 오답처리가 됩니다.

제   회 전국한자능력검정시험 8급 답안지(2)

번호	정 답	1검	2검	번호	정 답	1검	2검
25				38			
26				39			
27				40			
28				41			
29				42			
30				43			
31				44			
32				45			
33				46			
34				47			
35				48			
36				49			
37				50			

수험번호 ☐☐☐-☐☐-☐☐☐☐   성 명 ☐☐☐☐☐

주민등록번호 ☐☐☐☐☐☐-☐☐☐☐☐☐☐   ※ 유성펜, 연필, 붉은색 필기구 사용 불가.

※ 답안지는 컴퓨터로 처리되므로 구기거나 더럽히지 마시고, 정답 칸 안에만 쓰십시오. 글씨가 채점란으로 들어오면 오답처리가 됩니다.

제   회 전국한자능력검정시험 8급 답안지(1) (시험시간 50분)

번호	답 안 란 정 답	채점란 1검	채점란 2검	번호	답 안 란 정 답	채점란 1검	채점란 2검
1				13			
2				14			
3				15			
4				16			
5				17			
6				18			
7				19			
8				20			
9				21			
10				22			
11				23			
12				24			

감 독 위 원	채 점 위 원 (1)		채 점 위 원 (2)		채 점 위 원 (3)	
(서명)	(득점)	(서명)	(득점)	(서명)	(득점)	(서명)

※ 뒷면으로 이어짐

※ 답안지는 컴퓨터로 처리되므로 구기거나 더럽히지 마시고, 정답 칸 안에만 쓰십시오. 글씨가 채점란으로 들어오면 오답처리가 됩니다.

제   회 전국한자능력검정시험 8급 답안지(2)

번호	정답	1검	2검	번호	정답	1검	2검
25				38			
26				39			
27				40			
28				41			
29				42			
30				43			
31				44			
32				45			
33				46			
34				47			
35				48			
36				49			
37				50			

사단법인 한국어문회·한국한자능력검정회

수험번호 ☐☐☐ - ☐☐ - ☐☐☐☐   성 명 ☐☐☐☐

주민등록번호 ☐☐☐☐☐☐ - ☐☐☐☐☐☐☐   ※ 유성펜, 연필, 붉은색 필기구 사용 불가.

※ 답안지는 컴퓨터로 처리되므로 구기거나 더럽히지 마시고, 정답 칸 안에만 쓰십시오. 글씨가 채점란으로 들어오면 오답처리가 됩니다.

제   회 전국한자능력검정시험 8급 답안지(1) (시험시간 50분)

번호	답 안 란 정 답	채점란 1검	2검	번호	답 안 란 정 답	채점란 1검	2검
1				13			
2				14			
3				15			
4				16			
5				17			
6				18			
7				19			
8				20			
9				21			
10				22			
11				23			
12				24			

감 독 위 원	채 점 위 원 (1)		채 점 위 원 (2)		채 점 위 원 (3)	
(서명)	(득점)	(서명)	(득점)	(서명)	(득점)	(서명)

※ 뒷면으로 이어짐

※ 답안지는 컴퓨터로 처리되므로 구기거나 더럽히지 마시고, 정답 칸 안에만 쓰십시오. 글씨가 채점란으로 들어오면 오답처리가 됩니다.

제   회 전국한자능력검정시험 8급 답안지(2)

번호	정답	1검	2검	번호	정답	1검	2검
25				38			
26				39			
27				40			
28				41			
29				42			
30				43			
31				44			
32				45			
33				46			
34				47			
35				48			
36				49			
37				50			

수험번호 ☐☐☐ - ☐☐ - ☐☐☐☐   성 명 ☐☐☐☐☐

주민등록번호 ☐☐☐☐☐☐ - ☐☐☐☐☐☐☐   ※ 유성펜, 연필, 붉은색 필기구 사용 불가.

※ 답안지는 컴퓨터로 처리되므로 구기거나 더럽히지 마시고, 정답 칸 안에만 쓰십시오. 글씨가 채점란으로 들어오면 오답처리가 됩니다.

제 회 전국한자능력검정시험 8급 답안지(1) (시험시간 50분)

번호	답 안 란 정 답	채점란 1검	2검	번호	답 안 란 정 답	채점란 1검	2검
1				13			
2				14			
3				15			
4				16			
5				17			
6				18			
7				19			
8				20			
9				21			
10				22			
11				23			
12				24			

감 독 위 원	채 점 위 원 (1)	채 점 위 원 (2)	채 점 위 원 (3)
(서명)	(득점) (서명)	(득점) (서명)	(득점) (서명)

※ 뒷면으로 이어짐

※ 답안지는 컴퓨터로 처리되므로 구기거나 더럽히지 마시고, 정답 칸 안에만 쓰십시오. 글씨가 채점란으로 들어오면 오답처리가 됩니다.

제   회 전국한자능력검정시험 8급 답안지(2)

번호	정답	채점란 1검	채점란 2검	번호	정답	채점란 1검	채점란 2검
25				38			
26				39			
27				40			
28				41			
29				42			
30				43			
31				44			
32				45			
33				46			
34				47			
35				48			
36				49			
37				50			

사단법인 한국어문회·한국한자능력검정회

수험번호 □□□-□□-□□□□   성 명 □□□□

주민등록번호 □□□□□□-□□□□□□□   ※ 유성펜, 연필, 붉은색 필기구 사용 불가.

※ 답안지는 컴퓨터로 처리되므로 구기거나 더럽히지 마시고, 정답 칸 안에만 쓰십시오. 글씨가 채점란으로 들어오면 오답처리가 됩니다.

제   회 전국한자능력검정시험 8급 답안지(1) (시험시간 50분)

번호	답 안 란 정 답	채점란 1검	채점란 2검	번호	답 안 란 정 답	채점란 1검	채점란 2검
1				13			
2				14			
3				15			
4				16			
5				17			
6				18			
7				19			
8				20			
9				21			
10				22			
11				23			
12				24			

감 독 위 원	채 점 위 원 (1)		채 점 위 원 (2)		채 점 위 원 (3)	
(서명)	(득점)	(서명)	(득점)	(서명)	(득점)	(서명)

※ 뒷면으로 이어짐

※ 답안지는 컴퓨터로 처리되므로 구기거나 더럽히지 마시고, 정답 칸 안에만 쓰십시오. 글씨가 채점란으로 들어오면 오답처리가 됩니다.

제   회 전국한자능력검정시험 8급 답안지(2)

번호	답 안 란 정 답	채점란 1검	2검	번호	답 안 란 정 답	채점란 1검	2검
25				38			
26				39			
27				40			
28				41			
29				42			
30				43			
31				44			
32				45			
33				46			
34				47			
35				48			
36				49			
37				50			

수험번호 ☐☐☐-☐☐-☐☐☐☐   성 명 ☐☐☐☐

주민등록번호 ☐☐☐☐☐☐-☐☐☐☐☐☐☐   ※ 유성펜, 연필, 붉은색 필기구 사용 불가.

※ 답안지는 컴퓨터로 처리되므로 구기거나 더럽히지 마시고, 정답 칸 안에만 쓰십시오. 글씨가 채점란으로 들어오면 오답처리가 됩니다.

제 회 전국한자능력검정시험 8급 답안지(1) (시험시간 50분)

번호	답안란 정답	채점란 1검	2검	번호	답안란 정답	채점란 1검	2검
1				13			
2				14			
3				15			
4				16			
5				17			
6				18			
7				19			
8				20			
9				21			
10				22			
11				23			
12				24			

감독위원 (서명)	채점위원 (1) (득점) (서명)	채점위원 (2) (득점) (서명)	채점위원 (3) (득점) (서명)

※ 뒷면으로 이어짐

※ 답안지는 컴퓨터로 처리되므로 구기거나 더럽히지 마시고, 정답 칸 안에만 쓰십시오. 글씨가 채점란으로 들어오면 오답처리가 됩니다.

제   회 전국한자능력검정시험 8급 답안지(2)

번호	정답	채점란 1검	채점란 2검	번호	정답	채점란 1검	채점란 2검
25				38			
26				39			
27				40			
28				41			
29				42			
30				43			
31				44			
32				45			
33				46			
34				47			
35				48			
36				49			
37				50			

사단법인 한국어문회·한국한자능력검정회

수험번호 □□□ - □□ - □□□□　　　　성 명 □□□

주민등록번호 □□□□□□ - □□□□□□□　　※ 유성펜, 연필, 붉은색 필기구 사용 불가.

※ 답안지는 컴퓨터로 처리되므로 구기거나 더럽히지 마시고, 정답 칸 안에만 쓰십시오. 글씨가 채점란으로 들어오면 오답처리가 됩니다.

제　회 전국한자능력검정시험 8급 답안지(1) (시험시간 50분)

번호	답 안 란 정 답	채점란 1검	2검	번호	답 안 란 정 답	채점란 1검	2검
1				13			
2				14			
3				15			
4				16			
5				17			
6				18			
7				19			
8				20			
9				21			
10				22			
11				23			
12				24			

감 독 위 원	채 점 위 원 (1)		채 점 위 원 (2)		채 점 위 원 (3)	
(서명)	(득점)	(서명)	(득점)	(서명)	(득점)	(서명)

※ 뒷면으로 이어짐

※ 답안지는 컴퓨터로 처리되므로 구기거나 더럽히지 마시고, 정답 칸 안에만 쓰십시오. 글씨가 채점란으로 들어오면 오답처리가 됩니다.

제   회 전국한자능력검정시험 8급 답안지(2)

번호	정 답	1검	2검	번호	정 답	1검	2검
	답 안 란	채점란			답 안 란	채점란	
25				38			
26				39			
27				40			
28				41			
29				42			
30				43			
31				44			
32				45			
33				46			
34				47			
35				48			
36				49			
37				50			

한자능력 검정시험

8급

특허 : **제10-0636034호**
발명의명칭 : **한자학습교재**
발명특허권자 : **백 상 빈**

2013년10월10일 초판 발행
2019년 1월 1일 3판 발행
2020년 1월 1일 4판 발행
2021년 1월 1일 5판 발행
2022년 1월 1일 6판 발행
2024년 1월 1일 7판 발행
2025년 1월 1일 8판 발행

엮은이   백상빈 · 김금초
발행인   백상빈

주소 | 서울특별시 영등포구 도림동 283-5
전화 | (02) 843-1246
등록 | 제 05-04-0211